因子之名

父親培育男孩的挑戰

區祥江 著

因子之名——父親培育男孩的挑戰
作者／區祥江
訪談・撰文／沈怡菁
總編輯／馬鎮梅
責任編輯／沈怡菁
美術設計／黃漢威
出版發行／突破出版社
香港沙田亞公角山路 33 號突破青年村
電話：2632 0000　傳真：2632 0388
電郵：breakthrough@breakthrough.org.hk
網址：http://www.breakthrough.org.hk
http://www.btproduct.com
承印／海洋印務
2004 年 3 月初版 1 刷
2005 年 12 月初版 2 刷

In the Name of Boys: The challenges of fathering a son
by Raymond Au
First Printing, First Edition, March 2004
Second Printing, First Edition, December 2005

ISBN 962-8791-33-8

心　靈　關　顧

關懷、連繫、復和、

溝通、對話……

凝視心之脈動，

直到重新尋獲自己的心。

目錄

序

在 21 世紀的香港，為人父親確是充滿考驗：因着經濟及就業的壓力持續，不少職位又都要求北上公幹，造成港人在時間及心理上的空間都縮小了。孩子的成長環境更是劇變：教育改革、資訊科技、後現代文化、傳媒衝擊、校園暴力、爭取進大學的壓力……父子如何在這種環境中共處、交流、一同成長，確是一項挑戰。

這一代的父親也真幸福，因為近年來出現了很多有關男人的成長，以及如何為父的心理學、社會科學研究，有助我們掌握父親的角色。而且本地學者的研究顯示，相對於外國的情況而言，

香港的孩子對父母仍然尊重，父親的言行對子女還是有舉足輕重的影響。在香港，當父親的不算孤單，因有不少社會服務機構為父親們提供支援及親職教育，對孩子的成長更是多元文化地進行校外教育及心理輔導。

本書作者區祥江是我在「突破」機構的多年同事，我要衷心多謝他多年來專注進行有關男人成長的研究，並且以他專業的眼光、優美的筆觸，將個人的研究心得結集成書，為這一代的男人提供個人成長的輔助。

《因子之名——父親培育男孩的挑戰》是一本適合這個時代的好書：男孩成長的危機、醫學上對男孩生理結構的發現、心理學對男孩情緒發展的認知、對男孩暴力傾向的解釋及處理、教育家對父母管教男孩的獻策，都在本書中羅列出來。

我十分喜歡書中「父子面對面」裏的真實生命故事，幾位執筆者都是我的同事，他們真情剖白自己為人父親的掙扎、深思，以及父子同行的成長經歷，引發我內心的共鳴。

這是一本情理俱備的書，結合了輔導專業最新的發現，及幾位父親的生命分享，為這一代的父親獻上一本實用性很強的好書。

蔡元雲
香港青年事務委員會主席
突破機構榮譽總幹事

2004年2月

引言
「有其父必有其子」
與新一代父親培育兒子的掙扎

這本書的重點，放在男孩成長的特性和獨特的困難之上。父親是男孩成長過程中最重要、也最具影響性的關鍵人物。「有其父必有其子」，今天的男孩未來將有何發展，就要看新一代的父親在培育兒子的任務上，作過怎麼樣的參與。

新一代的父親，要做好這個角色殊不容易，他要面對由內至外的挑戰。

內在受傷的父親形象

人類一代一代地傳承下去(from generation to generation)，

今日的男人會是一個怎麼樣的父親，可能源於自己做兒子時的經驗。簡單來說，我們也受上一代父親的影響。而上一代父親在我們心目中最常有的形象，是「缺席」的父親形象。上一代的父親，整天在外工作，回到家就像一頭打敗了的獅子，需要休歇。我們最好不要驚動他，否則就會惹他生氣。我們在父親身上很少得到情感上的滋養和安慰，碰上的，多是他憤怒的情緒。

對於「怎樣做父親」這個課題，若問我們能從上一代父親身上學習到什麼，或許答案會是一片空白。我們充其量只是知道他辛勤地在外工作，盡了他作為家庭供應者（provider）的責任。除此之外，我們就只「學懂」不在家是男人的本色。所以，Jack Balswick 在他的著作 *Men at the Crossroads* 中，形容這是一種「非父親的生產」（reproduction of non-fathering）現象。

不少初為人父者，都嘗試從自己的回憶中，尋找被父親培育的正面經驗，作為自己當父親的楷模。非常可惜，這美好的願望最終都無從實現，叫人失望。

情感的空檔如何填補

父親予我們的最大遺憾，是沒有給予足夠的情感滋養。而我們呢，眼看着自己的兒子，今天能在妻子身上得到擁抱和疼愛，不禁也挑動起自己被照顧的渴求。今天，面對自己的兒子，我們作為父親的感受是相當矛盾和複雜的。一方面，兒子似乎奪去了妻子對我們的關注；另一方面，自己的童年缺憾，很希望不要延至下一代，渴望自己的兒子不會受到同樣的忽略。然而，假如要積極參與，又會感到力不從心和不知如何入手。假如這時妻子不理解你有心無力的矛盾心情，對你的冷漠（其實是不知如何入手）旁加批評——因為她們才是家庭大小事務的專家——不少男士就會退回自己的安舒區，將時間精力轉投在有較大成功感的工作世界裏。這樣，在不知不覺間，我們也重蹈了上一代「缺席」父親的覆轍。

第二種可能的回應，是在補償心態下付出過多，過猶不及。既然自己童年缺乏父親的情感滋潤，於是我們不顧一切，將盡可能多的時間和感情投注在兒子身上。這種矯枉過正的做法，同樣未必是好事，因為我們的兒子需要關懷之餘，也需要空間和劃清一些界線，若因自己從前的缺乏而過分投放情感，當投放得不到良好的回應時，我們就會失望，甚至因兒子不領情而批評和攻擊他，自己不自覺的成為「暴君」。

最理想的一種過程是將父親形象非理想化（de-idealize father）。當我們自己也掙扎於如何做一個好父親的時候，就會懂得體諒自己父親從前所犯的錯誤；因為，他們的錯誤，我們也會干犯，例如自己也會被工作佔據一切而忽略兒子的需要。這些體驗叫我們更現實及客觀地去接納自己的父親，知道他們其實是在諸多限制中掙扎求存。或許，在他們的年代，做好供應者的角色，已經是一項相當了不起的成就。又或者，自己的父親今日成為了祖父，他們對孫兒的疼愛，會令我們重拾得父親疼愛的感覺。

慢慢地，在學習當一個好父親的過程中，我們內在受傷的父親形象也會得到醫治。這是新一代父親在培育兒子時，內心掙扎的一個過程，心結倘若能解開，對我們男士來說，是一個成長的契機。

做好父親角色是一個套餐式的交易

除了內心掙扎，一個父親也承受不少外來的壓力，他要平衡多方面的要求、理想和責任，是一項殊不簡單的挑戰。有人形容做好父親角色是一個「套餐式的交易」（package deal）——不是單單做好父親角色、把兒女照顧得好就大功告成，還要兼顧多方面的影響，例如，你花時間在子女身上，就會直接影響你的賺錢能力；而收入多寡，又決定你所住居所的條件；妻子是否需要全職工作，又影響兒女是否能得到母親充分的照顧。

所以，有學者形容，父親角色（fatherhood）、工作（employment）、婚姻（marriage）和置業（home ownership）是當好父親的一個「套餐式的交易」。有時候，要平衡四者之間的要求，是一件苦差。舉例說，男士的工作有助他擁有合適的居所，但他投入工作的代價是減少與家人共處的時間，從而加重妻子作為兒女之間的中介者的角色。

父親角色大致分四方面：

1. 與子女情感的親近（emotional closeness）
2. 為家人提供物質需要（provision）
3. 保護家人的安全，有良好和安全的居住環境（protection）
4. 賦予子女良好的發展空間，包括提供良好教育（endowment）

不難發覺，父親角色的第 2 至 4 項都直接與男士的工作收入有關：為家人提供物質需要、提供良好的家居及保護家人、給予子女良好教育，三者均無錢不行。所以，權衡輕重之後，不少父親只好犧牲與子女情感親近的時間，所謂「人在江湖身不由己」，先做好後面三項，再求其他。在這種套餐式的交易之下，陪伴子女的時間及質量便要犧牲，對子女的愛就只能以良好的居所和物

質供應來代替。

有人稱這是一種供應者的焦慮（provider anxiety），當家庭經濟擔子增加時，男士們就會生出各式焦慮。這不單是賺錢夠不夠多的問題，而是為了應付增加了的家庭開支，他要花更多時間去工作，於是減少了與家人親近的機會。這樣，孩子的出生，並不是增加家人親密度的契機；作父親的意識到，他要在工作上更加「進取」，更全情投身事業的發展，以賺取更多金錢來供應家庭需要。這是相當矛盾的處境——當妻子和兒女需要共聚天倫，作父親的卻有更大壓力要向外撲、要做大事。

所以，工作不一定是男士藉以逃避未能應付父親角色的藉口。原來，工作也是當一個好父親不可或缺的一部分。這就是我們新一代父親，在面對社會期望和經濟壓力下的一種無奈。

成為父親（becoming father）是男士生命中一個重要的里

程碑，這個過程帶給男士們不少困惱和不知所措。然而，倘若能勇敢地觸碰自己內心受傷了的父親形象，想想自己也曾是一個有很多需要的小男孩（needy child），今天不是也好好地成長過來嗎？只要這些內心需要得到撫平，我們就不會將自己未完成的願望（unfinished business）投射到自己兒子的身上，壓抑了他們自由成長的空間。這個成為父親的經驗，必然為男士們帶來成長的契機和驚喜。現實工作世界是殘酷的，作父親的也不可能做到事事完美，只要竭盡所能，與兒子保持強而有愛的情感連繫（connection）就已足夠。有時候，過一些簡單生活以換取更多與兒子接觸的時間，可能是更有價值的投資。

本書除介紹當前研究父親角色、父子關係的專家意見之外，還收集了五位「突破機構」的男同事當父親的心路歷程。看見新一代父親在工作與父親角色兩者之間，能取得健康的平衡，我為他們感到自豪。他們享受弄兒為樂之餘，在工作上的表現也令人佩服。或許，我們需要從同輩身上得到更多當好父親的生活智慧與啟示。

誠然，「有其父必有其子」是一個不爭的事實，或許我們還能藉詞自己的父輩做得未夠好（not good enough）；然而我們的兒子將來會成為怎樣的父親，就要看我們今日怎樣做好父親這個角色。

本書介紹有關男孩成長的特性，也許有助我們在管教兒子的過程中有更好的裝備。從這一代到下一代之間，我們是一個聰明能幹的接棒人嗎？我們能為下一代的男孩子締造一個合乎人性的良好成長空間嗎？類似的問題，十分值得深思。

第 **1** 章

男孩的危機源於「**男孩守則**」

引發我對父親如何培育兒子這課題的興趣，主要原因有三。

我家本來已經育有兩名分別九和七歲的女兒，五年前兒子意外的來臨，想不到竟帶給我們夫婦很大的衝擊。除了由於我們中年生子，身心靈的準備均感不足，不時感到乏力之外，兒子的性格、特質跟兩個女兒截然不同，我們作為父母的，在照顧及教導上也有不少適應與調整。這個實際需要，倒引發了我對男孩與女孩成長異同的興趣。

第二個原因，源於自己在工作上的體驗。近年參與過不少有關少年與家庭的輔導計劃，發現不少個案中的問題人物都來自單親家庭，其中八成遇有情緒困擾、需要接受輔導的少年，竟都是男孩。從這些實際個案的觀察，不禁令我生出一個疑問：今日的男孩究竟發生了什麼問題？中國人傳統重男輕女，作父母的望子成龍，在兒子身上寄予不少期望，但現實卻是男孩比女孩有着更多學習和心理方面的問題。有外國專家更聲言，今日的男孩正出現危機（boyhood in crisis），不容忽視。

第三個原因，是自己對有關男性課題的研究有着濃厚興趣。過去十年來，我不斷探究男性心理和成長的各方面，一直在思考男性的問題與出路。我認為，如果男性能擺脱自己成長的困惑，對日後成為父親無疑有積極性的影響。而男孩如能在有父親積極參與的背景下受培育，對其成長可謂有極大益處。在這樣良性的循環之下，下一代的男性就有希望。

在關注這個課題的期間，我發現近年有幾本很好的外文著作，對於男孩成長問題的研究均有不少精闢見解。鑑於本地在這方面的研究尚少，就讓本書作為一個引介的橋樑，將這些外國專家的心得與研究綜合整理，再加一點個人反省和個案資料，希望能發揮拋磚引玉的作用，引起更多人對男孩成長的關注。

男孩出現了什麼問題？

愈來愈多學者研究得出這樣一個結論：「男孩是一班弱勢社羣」。

這個結論也許令人大出意表，因為在傳統父權社會中，男尊女卑，男性一向是優等性別。不過，已經有人察覺到今日男性「大勢」已去。一位專門研究有關男孩危機的著名學者 William Pollack，在其著作 *Real Boys - Rescuing our sons from myths of boyhood* 裏有詳盡的闡述。

這本書在美國是暢銷書，作者 William Pollack 是哈佛大學精神科系的心理學教授，有不少關於男性課題的著述，在研究男性心理方面，可說是專家。這本 *Real Boys* 是基於他自己一個研究計劃而成書的，計劃名為「聆聽男孩的聲音」（Listening to Boys' Voices）。在他的論述背後，有一隊人員協助搜集及分析資料，這本書正是這項計劃的成果及反省。

正如這項計劃的名稱一樣，要聽到男孩的聲音確實不容易。William Pollack 進行這個研究計劃的動機，皆因他曾做過一些調查，發現了一堆驚人的數字，這些數據在在反映了男孩在很多方面都比女孩「落後」。在 1950 至 1960 年代的美國，據平均統計，女孩在數學、科學方面遠較同齡男孩遜色。美國教育界為此曾做過一些「亡羊補牢」的措施，以圖扭轉局面，使女孩盡早迎頭趕上。結果，這些措施確是成功地提升了女孩的學習水平，但男孩反而自此「後退」了。

William Pollack 的研究數據顯示：

- 第八級（相當於香港的中二程度）的男生，留級比例比女生高 50%
- 要接受特殊教育的中學男生約佔 67%
- 被斷定為有「學習障礙」的男生是女生的兩倍
- 男性的情緒問題出乎意料的嚴重。男生患上抑鬱症的比例竟然異常的高。據統計資料顯示，暴力罪行的受害人男生是女

生的三倍；而男生的自殺率亦較女生高四至六倍

再看另一本書 *Raising Sons and Loving it* 的兩位作者怎麼説。書中開宗明義地表達了對男性的同情——人人認為男女不平等，指的是男比女優，但作者卻不同意。書中羅列了一系列調查數據，指出男孩在成長中其實受到不少「不公平對待」。且看下列各點，你是否也有同感？

▲ 嬰兒期的男孩從母親身上能夠得到的親密接觸（例如親吻、摟抱）比女孩少。

▲ 大人跟小孩説話，無論在頻密程度（次數）和對話時間的長短（duration）方面，男孩均比女孩少及短。

▲ 父母抱男孩和女孩的方式也很不同。男孩被抱時多是面朝外，面向外界環境和其他人；女孩被抱時則多面朝內，面向母親懷中。女孩被抱的方式，無論安全感、溫暖的感覺和舒適程度都比較大。

▲ 男嬰爬行、坐立及牙牙學語的階段平均較女嬰遲；男嬰也比女嬰常哭，而當男嬰哭喊時，所得到的關注及回應都不及女孩。

▲ 倘嬰孩有輕微損傷，父母會比較傾向先去呵護（comfort）女孩。

▲ 上學後，男孩被認為比女孩更頑皮。男孩每當犯規，會當眾被罰；而女孩犯規，則只會被拉往一旁輕聲勸戒。

兩位作者還羅列了不少例子，證明在心理方面男性其實比女性更弱。例如，在美國，男性自殺率比女的高四倍，而男性壽命平均比女性短九年。作者列舉這許多數據及例子，旨在讓人們明白，男人並不是一般人想像中被「優待」的。

從以上兩本書的作者所引述的實例和數據來看，不得不承認，今日的男孩確實面臨危機。認清問題是尋找出路的重要第一步，接下來我們要問的是，到底導致這些危機產生的真正原因是什麼？

從一個個案說起

William Pollack 在 *Real Boys* 一書中，提出男孩面對的危機，其背後元兇原來是男孩成長的守則。

就如人們穿衣打扮會按場合、環境而有其約定俗成的規則（dress code）一樣，作者指出，男孩也有其「男孩守則」（Boy Code）。男孩在這種守則的規限下，猶如帶了一副面具，把原有的性情、感覺都壓抑下去。如何擺脱上一代遺傳下來的壓制，做回「真男孩」（real boy），在作者眼中成了男性成長的首要事項。

William Pollack 本身是輔導員，他在書中描述了一個個案，這個案正好反映了一般男孩的問題。

14 歲的亞當（Adam），由於學業成績不俗，老師建議他參與資優教育項目。要參加這個計劃，亞當得離開原本就讀的學校，轉到另一所位於比較「富貴」的地區的學校就讀。亞當的父母因為兒子得到這樣的機會很是高興。但亞當轉校後，成績卻不見更進一步，甚至在期中試時，其中一門科目很有可能會不及格。即使如此，亞當仍堅稱覺得「很好，沒有任何問題」("I'm fine, everything just fine.")。

亞當的母親總感到他有些什麼不對勁，但無論怎樣問他，他都一概否認。

然而，亞當經常都顯得不開心，很沉默。過了一段日子，有一天，母親發現亞當一隻眼瘀黑了，問他發生什麼事，亞當卻說只是意外。幾經追問，他才承認是被學校裏的同學排斥、欺侮。為了自衞，他說自己也會還手，卻一定不會主動打人。作者當時是亞當的輔導員，當他問到亞當在遭受這些傷害之後，心裏覺得怎樣？又如何面對？亞當的答覆正正是一般男孩處理內心感受的方法。

「我也感到有點不開心，不過，」亞當説，「我善於隱藏自己的感受——就像戴上一副面具一樣。無論那些人如何取笑我、羞辱我，我都不會讓他們發覺我內心的衝擊。我懂得收藏自己的感受。」

原來，小小男兒為了保護自己，自小已會戴上面具。這副面具，就像一重遮擋一樣，將男孩的情緒掩藏。因為戴上了這副面具，人們只看得到他外表的自信和勇敢。當亞當説「一切都很好」時，其實內心又驚又怒。

這則案例令作者印象深刻，他意識到男孩自小就已懂得戴上面具對人。這種面具，「行內」對它有一個名稱，就是「性別緊身衣」（gender straitjacket），亦是 William Pollack 在這本書提出的「男孩守則」（Boy Code）。

「男孩守則」是什麼？

對於何謂「男孩守則」， William Pollack 綜合了以下幾點：

1. 堅定的橡樹（sturdy oak）

男人就如一棵堅定站立的大樹，強壯、穩定、獨立，特點是：

▲ 情感上不會波動——「不為所動」

▲ 冷漠，不流露感情

▲ 不會表露弱點

這個形象的特點是：堅定不屈，不會受傷，不會流淚。

2. 「死就死吧！」（give them hell）

這個是由社會上一些諸如運動教練、武打明星等樹立的形象——「男孩就是男孩」（Boys will be boys）。

▲ 勇敢，勇於接受挑戰

▲ 不理後果（「死就死吧！」），輕看小小傷害。這一點會令男性傾向參與一些高危活動，例如賽車、打架等。

3. 追求成功（the big wheel）

是男性追求地位、主權、權力的慾望。另一個說法，是男人會歇盡所能避免恥辱，因此會戴上冷冷的面具，掩飾內心感情，並且力求一切事情在其掌控下順暢進行。

這個守則令男性養成喜與人競爭之性格，驅策他們在球場上、在學業和事業上都希望有所成就。

4. 絕不可女性化（no sissy stuff）

也許危害最深的一種「性別緊身衣」（gender straitjacket），是不容男孩表達情感與內心渴望的規條。因為任何「真情流露」

的表現，都被視為「女性化」（feminine）的表現——倚賴、溫馨、同情。這種規條亦形成男性與男性之間不敢太親密，免得讓人取笑「女性化」，被認為不夠「男性」。

以上四點構成了所謂「男性形象」——冷漠、冷靜、不輕易流露情感、不會表露自己受了傷害、強迫自己冒險和接受挑戰、喜好競爭、不敢流露比較女性及感性的一面。

上文提到的亞當，因為將被欺侮的事和因此而來的負面感受隱瞞、收藏，對父母矢口否認，以至到後期他被人打傷，從不能掩飾的表面傷痕才揭發了他受欺侮的事實。直到這時，人們才有機會介入、幫助他，可見男性的這件「性別緊身衣」，如何嚴重地壓制了男孩的健康成長。難怪調查所得，會是男人的自殺率較高，而非人們「想當然」較軟弱的女性。

神話助長了「男孩守則」的威力

性別角色的模塑，是一個潛移默化的過程；「男孩守則」深植於我們的潛意識和日常生活經驗之中，並不容易破除。再加上，人們對男孩仍存有不少不現實的假象，猶如「神話」般，進一步助長了「男孩守則」的威力，令男孩自始至終都被這件「性別緊身衣」所束縛。William Pollack 提出了三個一般人對男孩普遍存有的「神話」（myths），且看他如何破解：

1. 男孩就是男孩（Boys will be boys）

從生理角度來看，男性荷爾蒙已然賦予男性某些特性，例如侵略性、主動性等，因此一般人認為，先天影響對男性至為關鍵。

但 William Pollack 不同意。他認為先天、後天同樣重要。並非一面倒地由生理決定了行為，後天方面——例如父母如何教養、培育——也非常重要。一個明顯的例子是，很多男性其實只是喜歡動作、喜歡運動，而不至於、亦不表示已到達暴力的層次。

2. 男孩應該是男孩（Boys should be boys）

這個神話背後的意思，就是男性一定要成為社會規範所形容的男性形象——強壯、有力量、肌肉型、粗獷——也就是「男孩守則」。

William Pollack 在書中反問，到底何謂「男性」？男性其實可以有很多種模式，例如，男性也可以有溫柔的一面，不一定要是「大隻佬」（猛男）型。我們對男性的要求最好不要有局限，更不要有性別定型，這樣，男性才能有更多的發揮、更多樣的模式。

3. 男孩的危機（Boys toxic）

一般人認為男孩較反叛、搗蛋，專事破壞。在日常生活、學校生活中，人們對男孩均有這種偏見。

William Pollack 提醒大家，男孩也有同情心和憐憫心，不要一面倒地認定男孩就是壞、頑劣。

小結

「男孩守則」造成的規限，令男孩面對不少成長的衝擊。這重「枷鎖」，令男孩不習慣、甚至極力避免表露感情。封鎖的情感尋不着出路，往往令男孩產生不少情緒問題：要不變得冷漠、冷酷，又或者只懂以發怒的方式宣泄情感，演變成暴力傾向。有關男孩的情緒問題，以下的篇章還會有詳盡的闡析。

男孩的成長是一個全人的發展，除了本章所述「男孩守則」這個社會化過程（Socialization）對男孩成長的影響外，如果對人體生理構造多一點認識，會更有助了解男性天賦的特性所帶來的影響。男女有別，男孩的生理及大腦發展跟女孩原來有很大的差異，這些性別方面的差異，也是一個讓我們窺探男孩成長奧祕的窗戶。接下來的一章，就會向大家展現男孩生理上的獨特之處。

父子面對面

一面不斷轉變的鏡子

陳競存

還未當父親的時候，總有不少關於將來要怎樣教養自己孩子的想法。每當看到別的父親和孩子的相處，都不免暗自忖度，日後當自己為人父時，應該怎樣怎樣，同時又有不少對自己孩子的期望。這些期望，又總不離個人的理想和信念，尤其是一些自己未能實踐的願望。不過，任何已為人父的都會明白，這些全都只是一廂情願的想法。有了孩子之後，自然會明白，你想對孩子發揮任何影響之前，就先要面對孩子對你所帶來的衝擊。

獨特的生命個體

對我來說，結婚與養兒育女最大的不同，在於前者是有了多次拍拖經驗之後才進行，心理準備算是充分；可是後者卻是全無經驗可參照。記得初為人父的時候，這種什麼也不懂的焦慮，籠罩了整個生活——到底嬰兒是什麼？父親角色又是什麼？我們可以如何跟嬰兒溝通？我所做的，他能明白、感受到多少？為什麼他的表現有時候似乎很有規律，有時候卻難以捉摸？為什麼有時候逗他他會笑，有時候卻完全「失控」？……問題一大堆。我猛然發現，原來這不是我以往一直所想，可以向他「灌輸」一些什麼，他就會照單全收的關係；這是一個我完全陌生的、雙向的關係。一個仍然在襁褓中的小生命，已經是一個有自我意識的生命。神已經賜給他與生俱來的自由。這小亞當有自

己的愛惡取向，也有自己性格上的特點和獨特的節奏。不管你以為自己的想法有多為他好，你只可以跟他「溝通」，而不該在他身上強加你的意願。否則，你不單止沒有尊重生命，更沒有尊重神的心意。

這個發現對為人父母者來說，並不容易接受。事實上，我見過不少父母亦並沒有意識到（或者並不接受）這個道理。父母總以為自己為孩子所預備的，是最好的東西。孩子不領情的話，是他們實在太不懂事，太不識抬舉了。當然，我們知道很多事情對孩子是好的、有益處的，但他們卻未必明白。像生病要吃苦口良藥，就是最好的例子。可是，有更多事情，可能只因為父母主觀的判斷、個人潛藏的意願，甚或只是為了自己方便，便堅持要孩子順從大人的要求。太多的時候，我們只把孩子當作自己的產業、擁

有物，而沒有認真地把他們當作要被尊重的人看待。就如有時當我在家中工作的時候，我的孩子剛放學回家，急着絮絮不休地向我講述當天與同學的新玩意、新經歷。其實放學回家後，他該做的事是去換衣服、做功課。每當這種時候，我可以選擇簡單地把他攆走，叫他去作自己的事；或者讓他繼續講，而我則繼續工作，偶爾點頭敷衍他一下。但我會把他抱到膝上，先聽他說一會兒，然後再對他說，爸爸有工作要完成，叫他自己想想：這個時候應該作什麼？通常他在講完當天的經歷後，總會很滿足地自行換衣服和做功課。

理性與感性

與兒子的相處，最大挑戰莫過於彼此的情緒衝突。這

實在是我從沒有想過的。我屬於外向、性急而善於表達的人，然而兒子卻是內向、慢熱和不善表達的。好幾次當我氣在頭上，他卻只懂哭着瑟縮一旁。問他到底想怎麼樣？但他縱然有什麼不高興，都一概不回答。如果沒有太太作緩衝，恐怕我們二人只會僵在那裏。經過多次慘痛的經歷，我漸漸明白，因着性格使然，兒子需要一些空間，才能夠自如地表達自己的想法和需要。然而我的性急，卻往往消滅了他的空間。每次我的急性子一出來，他就會完全退回自己的內心世界，讓人無法明白他在想些什麼。你愈是急，他只會愈把心門緊閉，你愈無法與他溝通。不止一次，他竟退至一個地步，躲到牀上，面向牆壁，半天也不起來。這種情緒狀況決定了溝通的處境，對我這種典型男性來說，實在是非常大的挑戰。對我來說，溝通從來主要是理性思維的活動。可是與兒子的溝通，卻令我不得不重新檢視我

的溝通模式。由於兒子這種敏感和「感性」的性向，衝擊了我對男性形象的期望。同時也勾起我父親對自己成長的影響。

與孩子的相處，是個不斷學習的過程。不少早已明白的道理，一旦自己親身經歷，卻另有一番體會。大家都知道，一個七歲的孩子，除了看電視或打遊戲機，專注力頂多不過維持二十分鐘。不到九、十歲，情況都不會有太大轉變。如果因為他無法專注，而每天都要與他糾纏，包括迫令他做功課、練琴、吃飯，甚至洗澡，只會換來渾身疲累，而不會有太大改善。曾經為改善情況而採取「進一步行動」——相應措施不外乎一些小懲大戒——結果除了一些即時的轉變外，總的來說可算無效，有時候甚至還會引致反效果，弄巧成拙！此後，我更深的體會到不能拔苗助

長這個簡單道理。其實，能夠從理論中學習的人畢竟不多，這是為什麼經驗式學習顯得那麼有效。

自省之旅

雖然說兒子的性格跟我不像，可是在他身上，還是看到不少自己的影子。這些影子彷彿一面時光倒流的鏡子，將自己在成長中被淹沒或掩蓋了的性情，再次重現眼前。這個發現，彷如讓我經歷了一個奇妙的內省之旅，不自禁再次思想自己的成長與轉變，這才驚覺這些年來，自己多少性格與行為上的取向，都因着社會的期望與要求而有所調整，或多或少都「違背」了自己的本性。比如說自己較為悲天憫人的性格，因着「男兒有淚不輕彈」和「物競天擇、適者生存」的社會主流價值，早已被埋在深谷當中。

如今在兒子那顆敏感的心上，再次露出光芒，成為我靈魂深處的呼喚和提醒，也讓我更覺得要保護和鼓勵兒子的這些特質，免得被成人社會無情地磨滅掉！

兒子這面鏡子，既能讓我認清自己性格上的弱點，也同時映照着自己遙遠的過去；既可窺見人性的本質，同時又指出社會價值的無情。隨着他不斷的成長，就好像萬花筒內的鏡子一般，照出更多的變化，也讓我體驗到作父親的更多樂趣。

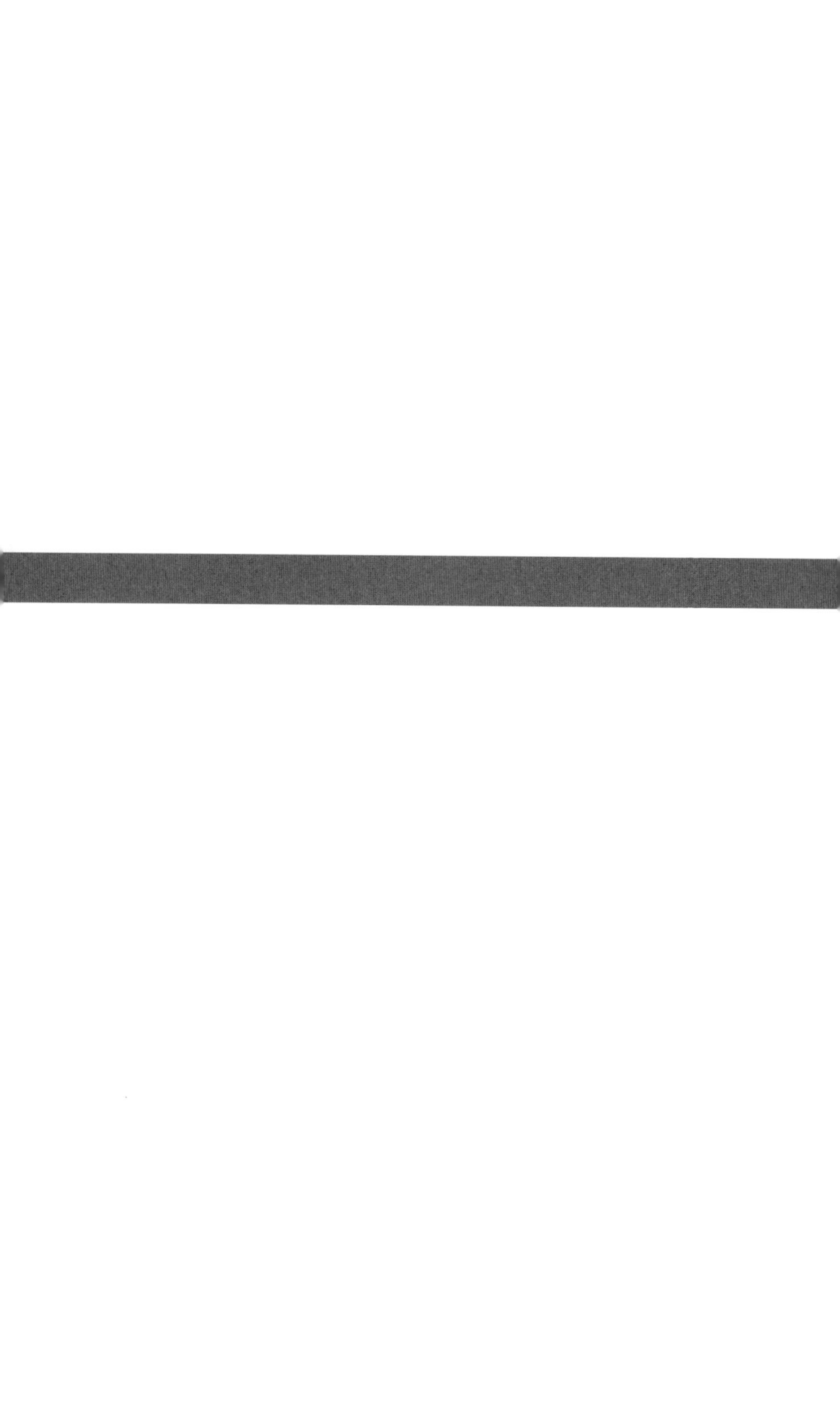

第 **2** 章

男女有別——男孩獨特的生理結構

兒子來了，快閃

對於我們夫婦來說，與兩個女兒相處了十年之後，兒子才驟然闖進我們區家。除了中年生子體力不逮之外，兒子偲睿與兩個女兒截然不同的性格和特質，使我們夫婦感到有點措手不及。當他兩、三歲，活動量和活動範圍尚算有限的時候，我們仍未感覺到養個兒子與養個女兒之間有何分別。可是，兒子今年五歲了，開始令我們有點吃不消的感覺。

兒子好像有消耗不盡的能量，在家中亂闖亂撞。他會突然撲進你的懷裏，在梳化背上走動，作出無數驚險的動作，要我們不時喝止。我們彷彿成了他的警察，要不斷提醒他，着他不得太粗魯，動作不要太大、太快。我太太的門牙、我的胸口都是他「無心」襲擊的目標。所以，我們見他來勢洶洶的時候，便互相照應說：「兒子來了，快閃。」

我們已經盡量控制他收看的電視節目，但他特別喜歡看「超

人」、「反斗奇兵」(Toy Story)還有最近在寬頻收看的「大力水手」卡通片。我成了他模擬遊戲中的怪獸、索克天王和布魯圖。這種喜歡動武的傾向，令我們擔心他長大後會否有暴力傾向。兩位姐姐對他這方面有不少投訴，有時候更不得已要「以暴易暴」，使家庭中多了打鬧的聲音。

最頭痛還是學習方面的問題。念幼稚園高班的他，算術十分了得，但中英文書寫和認字最叫我們着急，直至最近才有了明顯的進步。幾個月前，他連26個英文字母都還未能辨認，更不用要求他背默出來。回想兩位姐姐成長的同期，我們不用花太多時間監督她們寫字；可是兒子就不同了，往往要經過一番「角力」，才能使他完成功課的最低要求。當然，他亦有一些表現是比兩位姐姐優勝的。操作按鈕、電腦滑鼠、影音器材、在互聯網上瀏覽、玩電腦遊戲等，他都比兩位姐姐更早掌握。電腦遊戲中，他又特別喜歡射擊、歷險和跳動的種類。

兒子上述的種種行為表現，無疑一般人都是大致理解的，但背後原來是男女生理結構上的差異使然；看了這些研究，心裏才多了一份釋然的感覺。否則，我們會擔心兒子的發展，特別在學習方面是否會比人慢，甚或是有學習上的障礙！另外，有了這些理解，也幫助我們夫婦能因應男孩的特質來與他相處，避重就輕，幫助他有一個較彈性的發展空間。

是男性荷爾蒙作怪嗎？

研究男孩的生理因素如何影響成長過程的著作中，最被人推崇的是 Michael Gurian 在 1996 年出版的 *The Wonder of Boys*。他是其中一位較早提出，男性荷爾蒙對男孩子成長影響有多深的心理學家。

Michael Gurian 在書中提到一件發生在 1980 年代初期的往事。當時，他在以色列某個場合遇上一位印度醫生，談到不同性別的教養方法。那個印度醫生説美國人對於養育男孩和女孩似乎

很有方法，然而美國人偏重於人類文明及社會影響一面的教育，似乎忽視了成長中最原始的生物學一面。印度醫生説，印度人卻不會如此，他們會尊重兩性與生俱來的不同特質，並以不同的角度與方式對待。那時候 Michael Gurian 對於該番言論頗不以為然，反而覺得以「自然觀點」去看待男女兩性，最終不就釀成了幾世紀以來男尊女卑的局面嗎？

事過境遷，十多年後， Michael Gurian 終於明白這位印度人的智慧，更佩服他將生理聯繫到靈性的能力。此後，他便開始研究、探討男女之不同，並特別注重男性生理結構及荷爾蒙對男性成長過程中的影響。

他提出，養育兒子要順應男孩子先天的特性，首先要認識男性荷爾蒙如何影響其男性特徵。他的研究主要概括為以下幾點：

1. 男性荷爾蒙令男性比較注重身體活動，又比較傾向有攻擊性。

男孩大多從小就很活躍，反應也比女孩快而強。

2. 需要較大的活動空間，又較女孩早一些需要獨立性。成年人知道男孩有這種傾向的話，就可以有個平衡。第一章中 William Pollack 在 *Real Boys* 所說，不要過早迫男孩子離開母親、離開家庭，就算獨立了，也要容許他有返回父母身邊的機會。

3. 容易有張力（tension），要不時釋放能量。男孩有三種行為模式：
   - ▲ 要即時滿足
   - ▲ 當下就要解決問題（為解決問題而先放下自己的情緒不處理）
   - ▲ 以活動來宣泄內在張力

綜觀以上幾點，不難明白體育運動對男孩來說為何如此重要，而運動也是相當健康和合適的發泄途徑。球類運動既是身體活動，也具有一定程度的進攻性；球本身是移動很快的物件，這點很投男性所好。運動又大多是一大羣人的活動（tribally nurture，即所謂「成村人」去養育男孩子），這點在下文會再解釋。所以運動特別適合男孩子不無道理，家長可以為兒子留意及選擇適當的運動。

現在流行的網上遊戲，同樣具有快速移動及攻擊性這些特性，又是一羣人一齊競爭，看似也是很合適的「運動」。不過電子遊戲的「活動性」可能只是假象，眼睛長期注視電腦屏幕也不是好事。

最佳運動，莫過於找一個教練，領一羣男孩一起做運動。此舉既可讓男孩學習體育精神及具體技巧，也可發泄多餘精力。可惜的是，通常只有經濟上負擔得來的父母才會讓兒子參加某些團隊運動，一般父母都沒有這種意識。

大腦神經結構剖析

除了男性荷爾蒙的影響外，近年不少大腦神經學研究有新發現，這些發現讓我們更了解，男孩子因何會有某些不同於女孩子的特質。

這方面的著作，首推 Gary and Carrie Oliver 的 *Raising Sons and Loving It* 一書。作者是一對臨牀心理學家夫婦，亦是三位兒子的父母。

這本書比較特別之處，是作者不單從心理學或輔導的角度教導讀者應如何認識、理解男性，更花了不少篇幅，從科學的角度解構人體一些生理特徵如何影響男性的性別傾向。其中不乏重要而有趣的發現。

1. 大腦結構對男孩子的一般性影響

原來男性自嬰兒時期開始，大腦結構的特徵已明顯有異於女性的發育。

- ▲ 男性的腦部比女性大 10%。
- ▲ 在仍處於胚胎階段，女性的腦部發展已經比男性早；由此致使女性的胼胝體（corpus callosum）比男性大及多；胼胝體是一束連接左、右腦的神經線，是兩邊腦袋的聯繫（communication），亦即是説，女性在同時運用（cross-talk）左右兩邊腦部的機會較多，及較成熟。

有些活動，例如閱讀，是要左右二腦一齊運用才會達到最理想的效果；男女腦部結構的不同，解釋了為何男孩的閱讀能力會比女性差。而與人接觸時，在觀人表情、捕捉情緒方面，也需要左右腦同時運用，故男孩這方面亦較弱。

▲ 大腦中的神經傳遞素（neurotransmitters），作用是左右腦的訊息溝通。男孩有較低的血清素（serotonin，一種減低暴力行為的神經傳遞素）水平和較高的男性荷爾蒙（testosterone，與侵略性行為有關的一種激素），由此亦可見男性與生俱來會比較傾向暴力性。難怪男性常與暴力與侵略活動拉上關係。

▲ 男性的右腦比左腦發達，致使男孩對與空間有關的任務（spatial task）比較擅長。例如砌拼圖時，男性的右腦會立時活躍起來，左腦則沒有那麼活躍；女性則左右腦同時活躍，不似男性專注於一邊的腦部活動。

▲ 女性的腦經常「啟動備用」（on），男性的腦部卻會「時開時關」（off and on）；這個分別，說明了為何男性是「目標為本」（task oriented），而女性則能夠同時做好幾樣事情。相比起來，男性同一時間只能處理一件事。不難明白，為何男人做事會比較專注，而一遇到干擾就會感到非常懊惱。

2. 男孩對於觸摸比較抗拒

▲ 男孩不太喜歡與人有較長時間的接觸（prolonged touch），這一點與女孩明顯不同。男孩喜歡在環境中奔跑、探索；期間，假如有人想抱、吻或觸摸他，他會感到煩惱困擾，甚至會感到痛苦。

▲ 不少父母以為多些觸摸會給孩子安全感，但原來套用在男孩身上，並不是任何時間也行得通。

3. 男孩的感覺系統較女孩為弱

▲ 從嗅覺、味覺、聽覺及視覺接受到的感覺訊息（sensory data），男孩均比女孩少。這一點解釋了為何父母總覺得兒子對他們的話「聽不進耳」。

▲ 男孩聆聽時，通常只有一耳較強；女孩則雙耳聆聽皆好。研究報告還指出，男孩比較容易忽略聲音，在嘈雜背景中辨認聲音的能力也不及女孩強。

4. 男孩喜歡緊盯移動的物件

▲ 快速、搶眼的事物，愈容易吸引男孩的注意。因此男性會較易沉迷電視、電腦遊戲、互聯網等。

▲ 快速影像側重對一邊腦部的刺激，這種情況會限制了男孩其他智能的發展，最終形成不整全的發育過程。

令人憂慮的是，喜歡玩刺激遊戲的男孩，當靜下來時會更容易有情緒低落及抑鬱（depression）狀況，這點父母不容忽視。

小結

認識男孩各種先天特質，方便我們釐訂管教他們的守則。

1. 讓兒子多在大自然走動，幫助他消耗過盛的精力。大自然有寬廣的空間，讓兒子健康地釋放能量。健康地除去內在張力，他會更安定和較容易入睡。

2. 以球類活動取代過量的電腦遊戲。

3. 對兒子語言及情緒智商的學習進度有恰當的期望。要忍耐和用不同的方法，增強兒子在這些方面的學習能力。至於情緒教育方面，下一章會有詳細說明。

4. 知道兒子可以接受身體觸摸的程度，透過身體接觸給予他安全感和表示接納的同時，注意不要令他產生抗拒和反感的情緒。

5. 盡量減少給他看一些有暴力傾向的電視節目的機會，透過健康的集體活動，如球類比賽，幫助兒子發泄一些與人爭競的衝動。

父子面對面

男女大不同

梁柏堅

當兒子還待在太太的肚皮裏時，我總在幻想，有一個兒子，到底會是怎樣的感覺？我是否希望他像我一樣？做女兒的爸爸，我懂得是怎麼一回事，畢竟我已有超過一年的經驗；但做兒子的爸爸，我實在想像不到會怎樣。

小兒子出生時，女兒還差一個月便兩歲。不像女兒出生時的情況，因為產房太擠，我未能待在產房看着兒子出生，只能在產房門口和其他爸爸一起等待。想起女兒出生時險被臍帶纏至窒息，心中實在滿是憂心。

「噢，這就是我的兒子嗎？」直到太太回到病房，孩子回到育嬰室，我憑號碼尋着他的時候，才知道自己的兒子長得如何；心中的興奮，這時才變得實在。隔着育嬰室的玻璃窗，細看他的樣子，不太像我，也不太像太太，像是提醒着我，他是一個獨特的人，有他獨特的人生。

起名

政府規定，父母要在子女出生四十二日內，為孩子命名，並到入境事務處登記名字。四十二日，看似很長，其實很短，特別是照顧初生嬰孩的日子，日夜顛倒，四十二日轉眼便過。雖然我們也曾把好些字詞拼合，但始終拼不

出一個合適的名字。

「這個讀起來像女孩，不好。」「這個讀起來有點不雅，不好。」「這個不像人的名字，倒像寵物名字，不好。」如此這般，差不多到了登記的最後期限，我們才想出一個合適的名字。

原來，我們對名字有很多既有的想法——怎樣才算是一個名字？怎樣才算是一個人的名字？怎樣才算是男孩子的名字？雖然沒有明文規定，卻一早已有規範。

名字本身可以有很多意義，但日常的基本功用不外是讓人叫喚、讓人分辨，所以我們不能不顧及社會大眾的想法。我們不希望孩子的名字太古怪，以致他在成長中備受

同輩取笑的壓力；然而，我們也不希望他的名字太普通，以致他的獨特性好像被削平了。

起名的另一個難處，與父母的期望有關。名字不要太普通，也不要太古怪，這本身已是一種期望。但這個「不」，只能給我們一些方向，就是某些情況不要發生。但我們期望怎樣的人生會發生在兒子的身上呢？這些「不」不能給我們答案。

我們期望什麼呢？我們為大女兒起名「喜盈」，是希望她心中的歡樂能充滿她整個人，湧溢出來，祝福他人。這是我們對女兒的基本信念，而幫助她成為這樣的人，就是我和太太的育兒基本目標。那麼小兒子呢？其實我們對小兒子的想法，跟對大女兒的想法是一致的，都希望他們

生命中的美善能湧溢出來祝福別人。

終於，小兒子得到這個名字：展呈，就是希望他能光明磊落，可以讓生命展開，如其所如地呈現，甚至可以向生命的創造主獻呈。「光明磊落」這四個字，雖然不一定只能用在男性身上，但一般提到時，我們總想起充滿男子氣概的人都光明磊落，對了，我們就是這樣想。

男女大不同？

我們為兒子起名的時候，也為他起了一個英文名，叫 Brian，是「大塊頭」的意思，因為他實在是一個大塊頭。或許由於他的個子比較大，他在學習翻身、坐直、站立、步行方面，都比女兒慢。女兒在三個月大時已能翻轉身體，

六個月時已能坐直，九個月時已能扶着牀邊行走，一歲時已能開步走。兒子就是稍遲一點才學懂，要到十六個月左右才學懂行路。不單學習行路，小兒子連學習説話的進度也特別慢。

每一個孩子都有自己的路，我們也不是刻意將兒子與女兒比較，不過我們總會透過比較來了解孩子的成長進度。因為兒子遲遲未開口説話，總是叫不出「爸爸」、「媽媽」，太太為此十分擔心。説實在的，我的擔心沒有太太那麼大，反正我也認識一些很聰明的人，差不多兩歲才懂得説話。

有些人説，男孩子通常較女孩子遲懂得説話，不過我知道有些女孩也很遲才懂，所以我對這些説法一直半信半

疑。我發現，傳統上很多對男孩、女孩兩性差別的看法，其實並不算明顯，尤其在不到一歲的孩子身上，歧異更小。

太太和我本身都不算很傳統的女性和男性，兩人都各具傳統觀點下兩性的特質，例如我太太既有溫婉的一面，也有爽朗、充滿正義感的一面，所以我們毫不介意女兒活潑得像男孩。至於兒子，雖然他有時脾氣比較暴躁，但他也有「小鳥依人」的一面，最喜歡軟軟地、靜靜地躺在我們的懷中。

我本身對性別這回事，沒有十分堅持而固定的看法，不會認為男孩子一定要這樣，女孩子一定要那樣。話雖如此，從女兒和兒子的玩具看來，卻又可以看出一些性別分野。女兒一直都不喜歡積木、拼圖之類的玩具，她最喜歡

的，是模仿大人做家務的玩具，例如家家酒之類。她也喜歡嬰兒模樣的娃娃，可以讓她學像爸媽一樣照顧孩子。兒子則對所有有按鈕的東西都感到着迷，常把小指頭按向所有像是按鈕的東西。玩具車則是他另一樣心頭好。之前我一直沒留意到這一點，總是把女兒的玩具給他玩，也沒察覺他對那些玩具不感興趣。直至某一日，我看見他拿着一輛玩具車，把玩了很久，才驚覺他對玩具車的着迷。還記得當我買下第一輛玩具車送給他，他興奮得雙眼放光的樣子，令我後悔怎不早一點買給他。

後來，我媽媽跟我太太說，我小時候也很喜歡玩具車，這時我才回憶起這久違了的玩意，也曾出現在我的童年歲月。我不敢說女孩子一定喜歡與關係向度有關的玩意，男孩子便一定喜歡與機械有關的玩意，但從我的兒女身上，

我發現他們肯定有這種傾向。

兒子繼續成長下去，會跟我愈來愈相像嗎？我少年時代喜歡的機械人模型，現在喜歡的電子玩意，我的兒子將來也會同樣喜愛嗎？這些謎題仍然存留在我的腦海，盤旋着，等待我和兒子一同發掘。

男女大不同

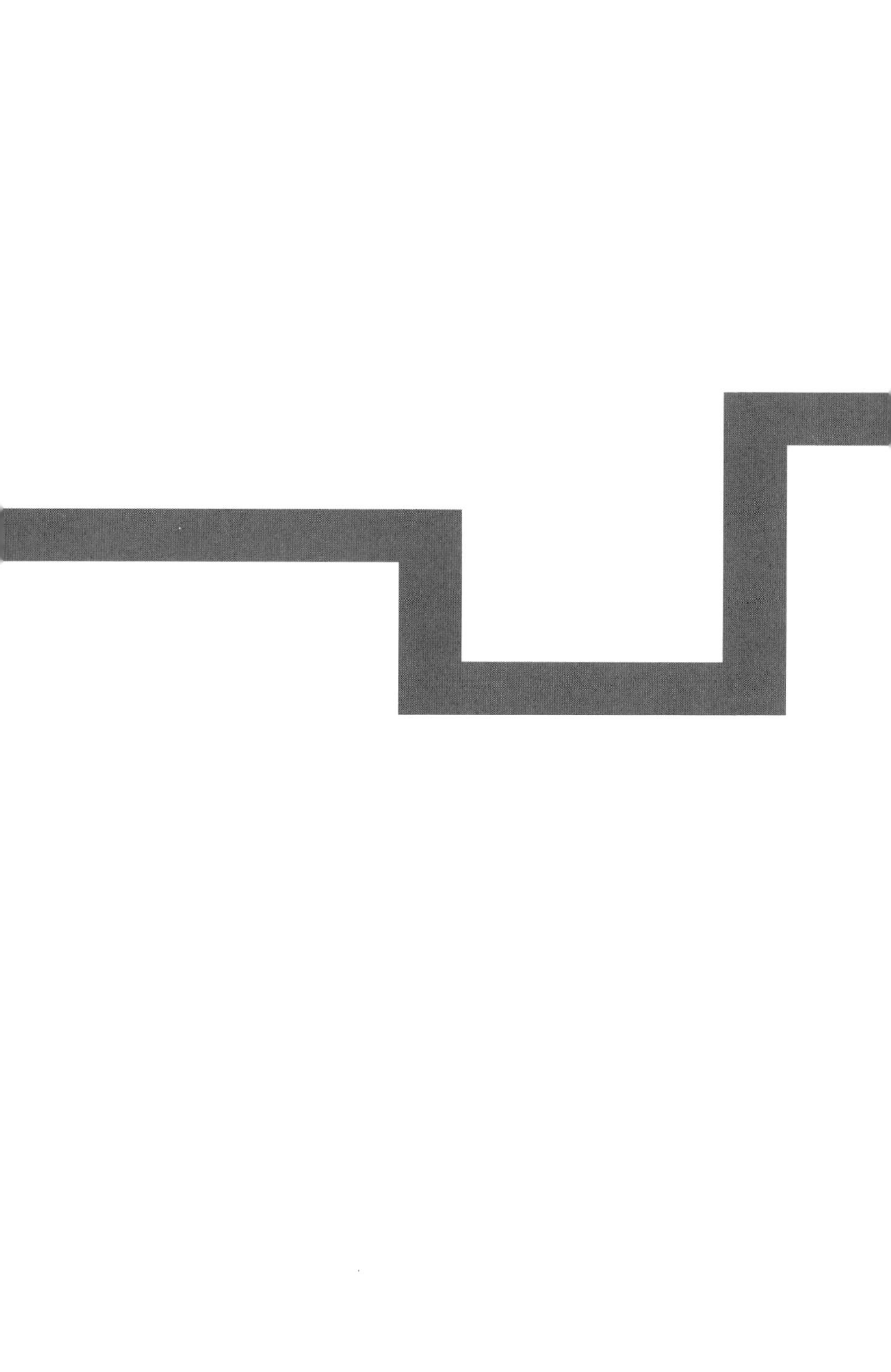

第 3 章
男孩的 情緒世界

心理學家Ronald Levant在一篇名為“The Crises of Boyhood”的文章中，有一個十分深刻、值得我們反省的觀察。他綜合了多項研究結果，指出男孩自出生至一歲前，比女孩有更多的情緒流露和表達。例如，男孩比女孩哭得更多、更劇烈，也笑得更多、更開懷。不論是歡樂還是憤怒，正面表達抑或用身體語言來傳遞，他們的情緒轉變都比女孩來得迅速，也比女孩流露更多情緒激盪。但是，不多久，男孩在一些「守則」之下，慢慢學會壓抑情緒，將情緒轉向其他出路。直到兩歲左右，男孩的情緒流露和表達，已被女孩反超前。來自後天的「男孩守則」，改變了男孩的情緒狀況。這些守則包括：

- ▲ 有選擇性的嘉獎（selective reinforcement）
- ▲ 父母對男孩、女孩有不同的期望與態度
- ▲ 破壞「男孩守則」會遭到懲罰（punishment）

本章嘗試先了解男孩處理自己情緒的方式，並指出父母可如何幫助男孩流露情感。而憤怒是男孩其中一種被認可的情緒表達

方式之一，但男孩的憤怒會惹起父母或別人的負面反應。我們要幫助男孩處理怒氣，而這也是每一個父母需要掌握的管教技巧。我們先談男孩處理自己情緒的各種有趣方法，形式看似多樣，卻都是些讓他們沒有直接將情緒表達出來的方法。原因是「男孩守則」不容許他們情緒化。

男孩表達情感的模式

男孩的生理特性令其情緒表達跟女性有很大分別，Michael Gurian 在 *The Wonder of Boys* 一書中，就列出八種男性比較喜歡的表達內在情緒的方式（internal processing methods）：

1. 行動宣泄式（The Action-release Method）

顧名思義，就是透過行動來宣泄情緒。這方式不會多用言語，只會透過激烈的行動來表現，例如使勁拍桌子、使勁關門、大喊大叫，或索性埋頭電腦遊戲之中。這些舉動，有時會容易令人對男性有抗拒感。也許，反正都要用力量發泄，打沙包可能還好一點。

2. 壓抑、延遲反應

（The Suppression-delayed Reaction Method）

男孩的腦袋屬於「問題解決」（problem-solving）類型，傾向於先解決事件，然後慢慢才釋放情緒。這方式類似 William Pollack 提出的「有時限的沉默」（timed silence syndrom）。

要男孩分享感受，通常第一反應是沉默。一來男孩不太清晰自己的情緒，所以一下子給人提問，就沒有什麼好講。二來男孩像給自己定下了一個計時器，在心中盤算着約莫要多久才肯開腔，即是在聽完問題之後，他要等一下才會回答。如果人們認識這一點，知道男孩的這種反應，就會對他們多一點忍耐和多給他們一些時間。男孩除非很信任你，否則不輕易打開心扉；至於要他們除下面具，也得花一點時間。

這一觀點對我們跟男性傾談尤其有幫助，因為不少人會「迫令」男孩對一些問題立刻有回應，其實他們很難馬上就可以講出

心裏的感受。

3. 將情緒轉移到物件上

（The Displacement-objectification Method）

例如踢汽水罐、踩爆汽水罐等等舉動，好處是可以將情緒投射出來，不會積壓於心裏。

4. 以肢體行動表達情緒

（Physical Expression Method）

眾所周知，男孩比女孩更大程度地以身體行動來表達和宣泄情緒。他們的情緒表達，不是言語上的（verbal），而是身體的（physical）。需要的話，可以給男孩子一個沙包，讓他打一頓，發泄一下。但記得要讓他知道，只可以打沙包，而不是其他。

有時透過一些活動來與男孩溝通、交流（connection through

action），反而會更容易。

相信大家都有這種觀察，有時候，直接跟男孩子分享感受並不容易，他們或不輕易開口，又或根本不懂得如何表達。但如果藉一些行動，例如玩遊戲、體育運動等來溝通，則容易很多。

5. 躲入山洞（The Going-into-the-cave Method）

當遇到煩惱時，男孩要先收藏自己一段時間，讓自己寧靜一下，然後再去處理。了解這種情況的話，你就知道男孩需要一些空間，不要硬迫他們作出回應。

6. 事後傾談感受（Talking About Feeling Method）

如要跟男孩傾談對某事的感受，不要在事情發生的過程中（即仍未過去）就去問他，他可能會說「沒有什麼」。他們並非存心騙你，很可能是他仍然未知道那是怎麼樣的感覺。事後才去問他，可能效果會更好。

7. 解決問題的方法（Problem Solving Method）

有問題發生，必然會激起情緒反應。男孩要把問題解決了，情緒才會放鬆出來。這可謂是透過解決「問題」來解決「情緒」。

8. 哭泣（Crying Method）

在《小王子》一書中，作者寫道： "It is such a secret place, the land of tears." 可見男性的確比較少透過哭泣來宣泄情緒。男性會哭，要不在極受壓力的情況之下，要不就是在很安全的情況之下。

幫助男孩表達情緒的提議

要鼓勵男孩流露情感、分享感受，父母可注意以下各點。

1. 劃出時段

現代父母多數都是雙職，工作、家事繁忙，可能連陪伴兒子的時間也欠奉。嘗試每天安排一段時間，全心全意放在兒子身上，與他一起（being with him），跟他傾談。為大家製造溝通的機會，這樣才是溝通的好開始。

2. 由自己做起

想跟男孩有效地溝通，作為父母，應該先放下自己的面具。你可以先主動分享自己的心事、感受，甚至一些尷尬的經歷，讓他看見你的情感自然流露；這樣，他才會有安全感，並放下那件「緊身衣」。這種自己先做的方式，即是父母要以自己為「榜樣」（modeling）。

3. 不一定要做「大樹」

男孩通常較易或比較願意表達憤怒（anger）的感覺，而不太容易表達脆弱的感受，包括羞恥（shame）、哀傷。當男孩表達憤怒時，父母其實不應忽略，要留心他們在憤怒背後所受的傷害或屈辱；而當他嘗試表達羞恥的感受時，不要嘲笑他、揶揄他，反而要鼓勵他勇於表達這些男孩不輕易流露的失敗、負面感受，並且讓他們知道，男孩不一定要做「堅固的大樹」，他們也要接受自己有軟弱憂傷的一面。作父親的不妨對兒子多表達愛和關懷，如此才可成為兒子的榜樣、模範。

4.「男孩守則」

「男孩守則」既有其傳統的一套（例如「性別緊身衣」），又有新時代的要求。新一代要求男性也要有溫柔、感性的一面，要懂得表達內心感受。社會風尚似乎對男性有雙重標準，既要有上一代的父母對他們的要求，朋輩之間又會製造另一些壓力。今時今日的男性，其實也挺可憐的，到底該隨哪一種「男性模式」走？可能會感到有點無所適從。

父母不妨給男孩多一點自由表達情緒的空間，特別是那些負面和脆弱的感受。他們情感生活豐富了，人生也會多姿多彩起來。

男孩過量發展憤怒情緒的原因

正因為一些脆弱的情感，在「男孩守則」之下不容外露；而憤怒則與堅韌（toughness）這男性守則掛鉤。所以，男性比女性的憤怒情緒更具攻擊性（express anger more aggressively），也更容易外現。既然憤怒是惟一准許表達的情緒，那些「違法」的情緒如受傷、失望、恐懼、羞恥等，就像一個漏斗，全向憤怒這個出口流去。心理學家 Ronald Levant 稱之為「男性情緒漏斗系統」（the male emotional funnel system）。試想想，當一個男孩被朋輩壓倒地上，再站起來時，他是不可能滿臉淚水，撒手作罷的。他必須手執拳頭反擊，否則，他就會被旁觀者取笑。這是男孩過量發展憤怒情緒的原因，既無奈又悲哀。

除了以上情緒漏斗的現象之外，心理學家 Gary and Carrie

Oliver 在 *Raising Sons and Loving It* 一書中，亦從生理角度來了解男孩易於憤怒的原因，而兩位專家均認為情緒跟頭腦結構有關。男性腦部關聯空間關係（spatial relationship）多於情感（emotional）；而男性專管情緒的前腦（frontal lobes）發展較慢，故情緒控制能力也較弱。情緒處理不到，便會容易動怒。

男性憤怒的原因，有幾個生理上的因素：

- ▲ 荷爾蒙的影響。
- ▲ 大腦發展，如前腦發展較慢。
- ▲ 缺少了認知及形容感覺的能力（alexithymia）。這頗影響男性之情緒表達。因為，如果你能用言語說得出（name）及表達得到是哪一種情緒，對於處理情緒問題非常重要。因為懂得陳述，某程度上等於已能正視該種情緒。

在男性的世界裏，處理情緒的方法，不是過分壓制（over control），即對情緒予以否認、收藏、忽視、逃避、壓抑；就是失控（under control）——化為暴力。男性能壓抑的情緒其實不少，偏偏就只有「憤怒」這一種，每每失控。

一種情緒沒處理好，就會引發第二種情緒（secondary emotion）的出現。憤怒屬於第二種情緒。憤怒背後的受傷害、沮喪等情緒，就是第一種情緒（primary emotion）。也許，憤怒對於男性來說是比較「安全」的，它可以減低面對真正痛苦、驚恐時的震盪。

處理情緒七部曲

Raising Sons and Loving It 一書提到一些有效幫助男孩處理情緒的方法，姑且稱之為「七部曲」（7 steps）。

1. 幫助你兒子認識（Identify）自己的憤怒情緒

在兒子發脾氣的過程中，父母要做情緒的教練（coach），

引導兒子把它表達出來。

2. 幫他接受自己的憤怒及隨之而來的後果及責任

當他認為是由於某人或某事令他大發脾氣，讓他知道除了憤怒、發脾氣之外，還可以有什麼其他表達怒氣的方式（例如以另一種語氣說話，不一定要打人）；讓他認識到，憤怒雖是無可避免的情緒，但要有處理及承擔後果的責任。

3. 幫兒子學懂控制

教他分辨憤怒的感受與表達是兩回事。教他們認識思想、感受和行為之間的分別。情緒不能控制，表達方式卻可自己選擇、控制。

4. 幫他找出憤怒的源頭

人被激怒的原因可以很多，發脾氣的背後可能埋藏着多種情緒反應：憂傷、受傷害、失望、失敗、焦慮、恐懼、被拒絕……成年人憤怒有時都會覺得無從表達，何況孩子年紀小小，更加不懂得處理。幫他認清、表達情緒反應，助他處理憤怒背後的第一種情緒（primary emotion）。幫助他們了解什麼事最易惹他發怒，並了解背後的原因，從而尋求解決方法，避免日後重蹈覆轍。

5. 幫孩子選擇表達憤怒的方式

事過境遷之後，幫孩子選擇表達憤怒的方式。即是再遇到令他生氣的事情時，他應該如何反應（response）。可提供幾個做法讓他選擇。

6. 告訴他哪些是健康的表達方式

所謂健康的方式，就是找父母、師長或朋友傾談，勇於面對，積極解決。不健康的方式，莫過於打架、辱罵，甚至自毀等。

7. 幫他檢討自己的反應

同他一起討論，他的表現孰好孰壞，從中學到些什麼，有沒有改進的空間等等。

父母的身教

既然要幫助兒子處理憤怒的情緒，父母本身也要懂得控制自己的情緒反應才行。在管教孩子的過程中，父母的情緒表現也是非常重要的因素。以下是一些父母教子的常見情況：

1. 父母不能冷靜面對。因兒子的憤怒，叫自己也發瘋地打罵起來，最終不單令兒子不會聽你的，還會學了你的壞表現，以錯誤的處理方法為榜樣。

2. 對兒子的憤怒太緊張。反應過敏或過度反應，都代表將「控制權」交給了他（ give him power over you）。

3. 父母太情緒化的話，思路也不會清晰，在管教上，可能是錯失了一些教導的良機，又或會遺漏了一些重點；也可能純為發泄情緒，而沒有處理該處理的事情。

4. 最嚴重的後果，是可能會導致身體虐待（physical abuse）。很多父母一動怒就忍不住「打仔」。

如何應付兒子惹起的情緒反應

1. 認清問題所在

可能父母自己的情緒也有問題，自己也處理不了自己的情緒。

2. 認識觸發自己情緒的因由（Identify the triggers）

有時候，兒子的一些說話、行為或態度都會有可能觸發父母的情緒反應。因此，父母本身最好先來認識一下自己。不同的情況引起不同父母的不同反應，究竟什麼事情、什麼字句會觸怒你？

不妨為自己列一張清單。*Raising Sons and Loving It*一書的作者就發現幾項父母中頗為常見的「共通觸發點」：

▲ 打架

▲ 駁斥父母

▲ 打斷說話

▲ 口裏說做卻沒有做

▲ 遲到

▲ 不問自取

這些對你來說又是否難以忍受的事情？

3. 知道什麼會令自己最不能忍受

知道什麼時候、什麼情況會令自己「火上加油」、情緒升級，例如工作繁重、心煩氣躁，那就不要選那些時候去管教子女了。

4. 汲取過往經驗

回想過去的管教經驗，找出做什麼是沒有效的，做什麼或怎樣做是有效的。

5. 定下目標

定一個實際可行的計劃，然後實行、檢討，再定新目標。

小結

父親與兒子，大家都是男性，走過相似的心路歷程，都慣性以憤怒回應憤怒（anger react to anger）。很多為人父親的，常不懂處理自己的壓力、挫敗，加上可能本身都曾經歷嚴父、惡父的教養，汲取了期間的負面經驗和壞榜樣，面對兒子的怒氣，根本沒耐性慢慢分析、說道理，只慣性地但求速戰速決，令兒子快些閉嘴、停止哭鬧就算。其實這種處理手法效果很低。當兒子年紀尚小時，作父親的還可以「以大壓小」，令他屈服；但這種大聲喝罵、威嚇的方式，可說是「以怒易怒」。不要忘記，兒子會以父親的行為作榜樣，這樣等於讓他繼續仿傚你的壞榜樣，一代一代地傳下去。

還有一樣要注意的，是對兒子的身體虐打（physical abuse），這也是父親容易有的傾向。通常體罰是在盛怒下施行，這些負面情緒、壞榜樣，同樣會被兒子記住、積存在心中，影響父子關係。

我十分同意 Gary and Carrie Oliver 所言，父親要先處理好自己的憤怒，才去處理兒子的憤怒。

所謂 "Fathering son"，其實是如何做父親。今天，對於做父親的挑戰，是首先要處理自己的情緒。自己情緒狀況健康，才能將上文的「七部曲」在兒子身上運用得宜。

父子面對面

父子同行之旅

李德誠

縱然自己已有五個孩子，仍然覺得未能全然掌握為父之道，胸膛似乎常常掛着「學習者」的牌子，繼續當「學神爸爸」。當中最大的衝擊，莫過於與大兒子的相處、和他同行。表面上，是我和太太引領及培育大兒子成長，但實際上，卻是他催促及啟發我進入不同階段的父親歷程。

父親的「產後抑鬱」

當太太首次懷孕時，自己已立定心志，要在孩子出生時與太太共同經歷那獨特的時刻，成為她的支持，並親自迎接新生命的來臨。然而，因着某些原因，我在大兒子恩出生後才被知會。當自己在睡夢中被喚醒時，心中只覺茫然，不曉得詢問太太的情況之餘，亦無意識查詢孩子的性別。

恩從醫院回家後，自己實在不懂得如何照料他。相對於太太及外母的熟練、自如，自己只能協助上街購物及傳遞尿布等庶務。初為人父的喜悅，實在掩蓋不了「產後的抑鬱」。

相對於母親對孩子本性的愛惜及關懷，父親對自己角色的確認及掌握實在需要時間。起步時之「抑鬱」，可以是迴避承擔父職的藉口，也可以成為不斷成長的動力。

特質的傳遞

自己一向喜歡野外活動，不時會帶兩個兒子（二子比哥哥年輕兩年半）到公園、海灘、單車徑等遊玩，有時更會前往郊外遠足、露營及攀石。

恩天性好動，喜歡刺激及挑戰，尤其喜歡攀爬，甚有乃父之風。還記得有一次，他踏單車飛快地馳騁，卻不幸跌倒受傷。然而，在大哭一場之後，他又再爬上單車上路去也！

「有怎樣的父親，就有怎樣的兒子。」父親的興趣、專長及熱誠，自然地會熏陶下一代。然而，最大的問題是，我們作父親的有沒有時間，以及是否願意培育自己的孩子？

管教的困惑

當恩喃喃學語之時，自己常要依賴太太作「翻譯」，才能明白他的意思。及至恩和二子漸漸長大，太太仍然要繼續擔當我們父子之間橋樑的角色，讓自己知道孩子的情況，了解他們的需要和感受。

有一次由我留在家中負責照顧兩個兒子。由於要處理帶回來的工作，心中只想兩兄弟不成為干擾。然而，他們在玩耍的過程中發生爭執，恩非常粗暴地對待弟弟。當我

介入時，恩卻怒目相向，不受管教，以致自己最終要出手責打。在淚眼中，恩竟對我大喊：「你這個暴君！」

從來沒有一個父親定意粗暴對待自己的孩子。然而，對孩子嚴厲的管教，甚至過重的體罰，往往顯露了父親本身的期望、執著及被衝擊之底線，並因着欠缺解決問題的選擇、薄弱的承載力及忍耐力所引致的。

面對責罰，男孩子多傾向反抗，以致往往換來更多、更強烈的後果。在這種情況下，管教容易演變為「武力鎮壓」，而當中引發的怒氣及憎恨，亦會掩蓋學習成長的需要。父與子內裏蘊藏的力量，竟成為彼此傷害的源頭。

在管教及責打之先，實在需要冷靜判斷；責打過後，

更需要表達愛心及關心！

父親的召命

有一次，太太因處理運用電腦的問題而與恩發生爭執。當我忍受不了恩的囂張而介入時，對答間他的說話卻激發了我的怒氣。不知怎地，我已將恩按在椅子上，正準備給他一個大巴掌。然而，因着聖靈的提醒，懸在空中的手終於垂了下來。我轉過頭去，不再理會他，反而開始思想自己為何要對所愛的大兒子出此「下策」！

晚上，我在恩的牀邊，沒有重提日間的衝突，反而談起他未來出國進修的意念。計算上來，他留在家中的「年日」實已不多。當我們談到父母可以如何裝備及支援他將

來出國時，兩父子的距離拉近了很多。

培育兒子，最終的目標是：幫助他能夠獨立上路、邁向自己生命的目標，成就神在他身上獨特的召命。

也許，在躁動的青少年階段，父親主要的職責不單是糾正兒子的錯誤，更是成為兒子生命的同行者——協助他擴闊視野，預備他日後能夠展翅上騰！

有意義的參與

在一個攀登運動的課程中，我讓恩協助我訓練十數位老師。課程完結時，各老師皆對他的表現十分讚賞。他笑着回應說：「昔日在老師面前作學生，今天卻有份訓練老師們，十分特別！」

在另一次家長工作坊裏，我負責講解「處理與少年衝突之藝術」。接近尾段時，我邀請恩跟大家分享少年人的心聲，誰知他分享完之後，有十多位家長舉手發問，而他的回應更三度獲得家長的掌聲。相對我的講解，相信這些家長一定更喜歡他的分享！

作為父親，最大的喜悅莫過於看到兒子的成就。然而，孩子成功的表現往往建基於學效旁人（特別是父親）的榜樣、主動的學習、持久的操練，以及有沒有抓緊適當的時機。在這過程中，固然會呈現恩賜、潛質及努力的成果，但亦有可能會顯露出內在的軟弱及幽暗。

成長的創傷

在一次海外的活動中，恩不單多次有機會上台分享心聲，他的表現更深受人讚賞。我與他每夜在酒店均詳談日間的經歷，並一起禱告直至夜深，父子二人實在從未如此親近過。

有一個晚上，當我們談及成長往事時，恩突然提到幼年時，因我和太太要上班而將他留在外婆家的經歷。那時候，我們常會乘老人家在房中與恩玩耍時，「偷偷」離開上班去。每當聽到閘門關閉的聲音，恩都會立即撲向閘門呼喊及哭號，實在令人心酸。

回想昔日這番被遺棄的感覺，恩不禁悲從中來，竟伏

在我的懷中哭了半個多小時。然而，在淚眼之中，我們卻經歷到天父的同在與醫治。

無論作父親的如何盡力，在養育子女的歷程中，總有不足、不是之處，甚至曾有可能對兒女造成意想不到的創傷。難怪現代人傾向將自己性格的限制及缺陷，歸咎於父母的失責，不少人甚至因此不願承擔父親的角色。

說到底，實在沒有一個父親是十全十美的，又有哪個父親能夠在事前有足夠的訓練及裝備？父親也是人，有軟弱、不足及錯誤是在所難免的，最重要是他能否開放自省、謙卑受教，並願意依賴慈愛天父的補足及看顧，不斷成長。

父子再上路

當恩日漸長大時，他對每樣事物皆有主見，對於父母的意見開始不放在眼內，對父母的提醒及管教，亦以藉口推搪或以抗辯回敬。

有一次，當我與他談及他的前路問題時，他被我的問題弄得非常苦惱，惟有承認自己實在對前路毫無頭緒。當下他拂袖而去。但事後他卻願意謙卑下來，開放受教。父子相處亦親近多了！

能夠承認自己的迷失，重新思索及反省，並學習適時尋求別人的支援，是生命成長的重要里程碑。

事實上，父子同行的旅程，有坦途、有彎路，也有上攀及下降的路段。無論光境如何，若父子都願意承認自己的不足，彼此同心同行，仰賴從上而來的引導、愛心、勇氣及平安，眼前暴風雨總會過去，彩虹及驕陽正在前面等待！

「流淚撒種的，必歡呼收割！」

——《聖經．詩篇》第 126 篇 5 節

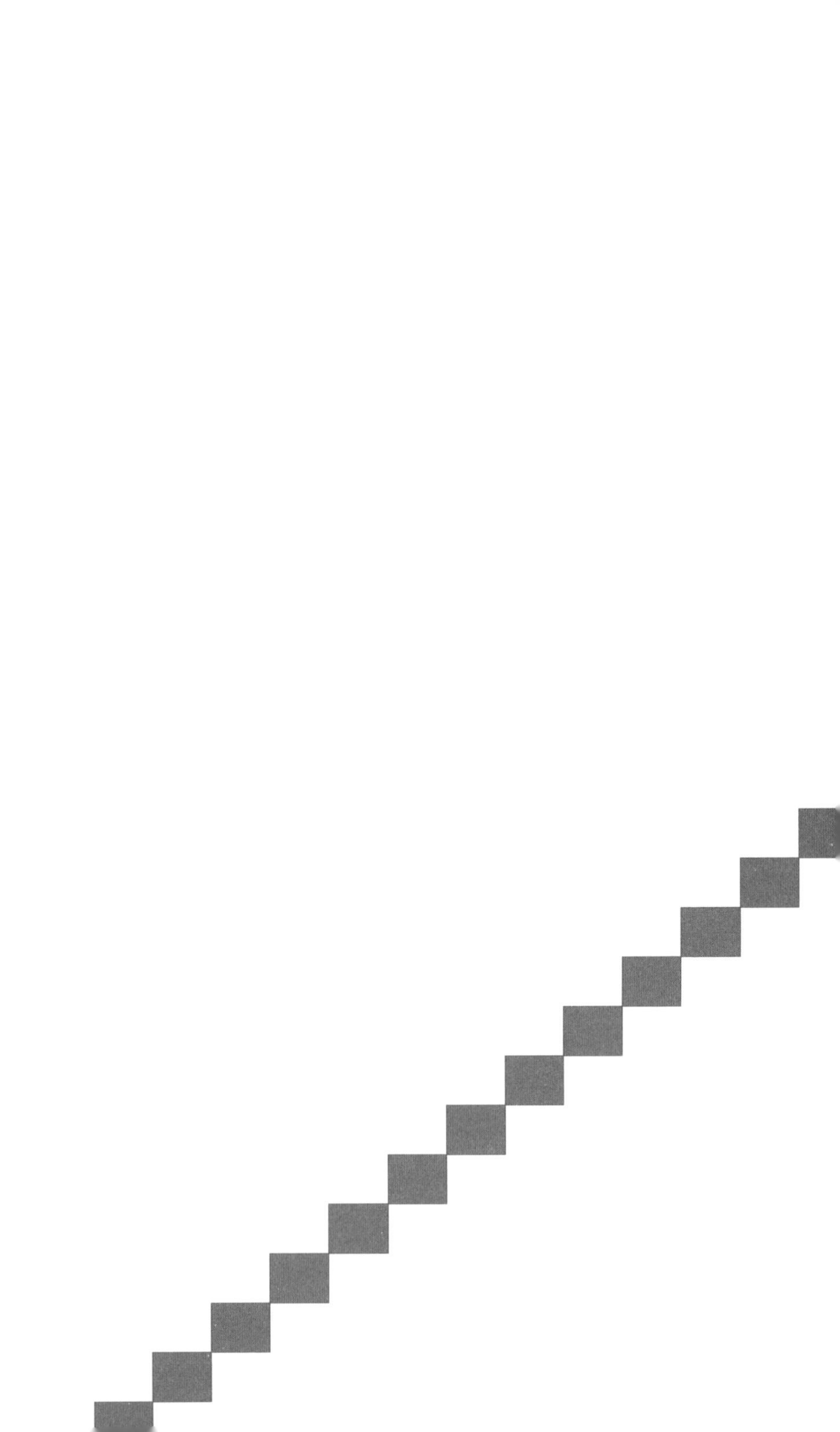

第 4 章
如何避免男孩落入暴力傾向

憤怒與暴力只有一線之差，不懂得處理憤怒，將憤怒付諸行動、帶給別人傷害，這就是暴力。暴力問題遠超過處理憤怒的情緒這範疇，它更是一個家庭、社會的問題。

本章主要介紹一本在這方面的權威之作。James Garbarino 的這本 *Lost Boys* 跟親子關係（parenting）不是最直接有關，倒比較從社會學的視野關注男孩的暴力問題，但我們也可以從中學到一些預防性的手段。作者花了 25 年做有關男孩暴力方面的研究。將焦點放在男孩，是因為美國的校園暴力及槍擊情況嚴重，約有九成案件由男孩所為。男孩作為侵略者的現象，十分明顯。

這本書的封面印有一幀黑白照，上面是一個男童拿着長槍枝，指着另一個男童的頭。這幅圖片給人暴力和不安的感覺，加上書名「迷失」（lost）二字，顯示了男孩本身也很迷失，被人遺棄。男孩在混亂、迷失的狀態下，若有機會拿到殺傷性的武器，其破壞力的確難以預計。

我們在電視上也見過不少正在經歷戰事的國家有所謂「童兵」；而男孩愛玩槍，愛玩刺激及比較暴力的遊戲，看來亦是天性使然。作者在書中提出幾個男孩為何喜歡暴力的原因，也談到成人可以如何幫助他們不朝暴力方向發展。

五個結論

1. 男孩的受害者心態

男孩有一種心態，覺得自己是這個世界的受害者（victim），被社會遺棄、虧待，因而一旦有武器在手，就會有一種「還擊」或「防衛」的傾向。

在美國，槍械很容易可以獲得。作者認為預防男童日趨暴力，是社會上每個人都應該參與的迫切事務。

2. 負面成長經驗的影響

James Garbarino 曾到監獄探訪一些槍擊事件中的犯案男童，探索他們的內心世界。他發現這些犯案男童的童年多有負面經驗，性格大多衝動，情感多不敏鋭，且有高活動水平（high activity level）。他們大多與雙親關係惡劣，與家人多爭執，又或是行為被長輩極度禁制。這些負面的成長經驗，會循序漸進地令他剝去自己的情感反應。

James 亦發覺，這類男童的智商通常比較低，因此會較易被人利用。還有一點頗有趣、而又十分值得留意之處——這些男童的恐懼感都不強。研究顯示，在危險的情況下，他們的心跳不急反慢。這點顯示他們為何在應該驚懼的情況下卻不感驚慄；亦即是説，他們不懂得從人們或環境中接受提示及暗示。

James 認為，家長的教育很重要。在第一個結論的前提下，如再沒有父母幫助，男童的暴力傾向很容易就會發展成行為問題。

作者也發現，教師如在學校訂立清晰嚴明的規矩，也有助減低男童的暴力行為。

中國人有所謂「三歲定八十」，作者亦提出八歲是一個人成長的關鍵。在八歲時，男孩的暴力程度就已固定下來。若要防範男孩有暴力發展，在八歲前就得下功夫。

3. 被虐待或被忽略的男孩

有暴力傾向的男童，通常都曾在家中受到身體上或心理上的虐待（abuse），又或者是在成長過程中被忽略（neglect）。這些經驗會令他們養成一種習慣，就是面對威脅時會有既定的反應模式：

- ▲ 對他有威脅性的行為，會比一般人有更高警覺（因為慣受虐待）。
- ▲ 對他友善或正面的行為，他會沒有反應，渾然不覺。

▲ 在感到沮喪或挫敗時，以暴力來回應的傾向較大。

▲ 在他們的經驗中，暴力有助他們在這個世界生存得成功。

在美國，兒童受到虐待的情況頗為嚴重，很多有暴力傾向的男童也曾受父母的暴力虐待。因此，要防範男孩的暴力行為，應要從預防兒童受虐待開始。

4. 文化環境的影響

男孩的暴力程度如何，跟所處的文化、環境有直接關係，彼此互為影響。

James 形容現今世界的文化為「有毒」。例如，在美國一些黑人區或貧民區，毒品、槍械均很容易獲得，在這種環境長大的男孩，會更多、更易出現暴力問題。

他譴責電視、傳媒吹捧暴力，電視上的暴力通常是受到推崇和褒揚的。根據美國心理學協會（American Psychological Association）的一項研究顯示：

- ▲ 多於 40% 的暴力事件沒有受到懲治
- ▲ 33% 的「壞人」可以逃之夭夭
- ▲ 70% 的侵略者沒有受到任何社會制裁
- ▲ 10-15% 的年青受眾受到電視暴力的影響

可見我們的社會、傳媒對暴力的「歌頌」程度。

5. 男孩暴力問題源於「心靈的危機」(spiritual crisis)

這類男童通常並不覺得生命有什麼價值或意義，也很少想及將來，對將來沒有憧憬。因此，也不會想到要改善自己，或貢獻社會。另一方面，他們視周圍環境為不安全狀況，對成年人沒有信心，覺得成年人「保不住」他們；因此，他們會加入童黨。如不結黨，就安全不保；而加入了，則起碼保證有 50% 安全。

James 提出以素質教育（Character Education）來培養男孩的價值觀，幫助他們建立人生目標，過有意義的人生，以此來抵禦暴力問題。他亦提到參與教會生活對這些男童的作用，包括減少濫交、減低自殺率、有朋輩支持等等。作者還提出一個頗具爭議性的建議，認為不要將犯事的男童放在懲教所般冰冷、嚴苛的環境裏接受改造，而應該將他們安排到像修院般的環境中受教。

James 提出，以「道德網絡」（Moral Circle）來制約並幫助男孩健康地成長。研究指出，有暴力傾向或暴力行為的男孩，他們的道德通常比較原始（primitive）。心理學家 Kohlberg 將人的道德發展分成幾個等級（scale），以此作為評估標準，發現這些男孩的道德水平只停留在初級（level 1）層面。這一級的道德水平就是：犯了事，總之沒有被人抓到，就是「沒事」；如被抓到，才「出事」。

"Circle" 指人際網絡。如果，這些男孩的人際網絡擴大，就不會那麼容易做傷害人的事情，因為這是他的「安全網」（circle of safety）。而這個網絡越窄，他們就會愈加防衛（defense）。這有點近似中國人的小我、大我觀，不過作者就用「我們」（us）和「他們」（them）來劃分。如「我們」的網絡大些，他就會少用暴力；如「我們」的網絡小，他會反抗——人家壓逼我，我就反抗。其實，跟身邊有沒有人接納他很有關係。他會因為有人關心和接納，有人給予愛與期望，而不作暴力行為。道德網絡就是讓男孩身邊有一班不願放棄他的人，這可能是他的親人、老師、好朋友等，男孩會心想，既然他們也不放棄我，我也不放棄自己。以暴易暴，只會帶來更壞的後果。

如何幫助這些男童

1. 培養他們有同理心

Lost Boys 一書中有這樣的一句話：

「要感同身受，得先感己所受。」（Feeling for yourself is the foundation of feeling for others. p. 137）

一個人若對自己的感受也沒有感覺，就不會對別人有同理心（empathy），形成一種情感割裂（dissociation）。人要先認識自己的感覺，才能對別人的難處感同身受。

2. 保護男孩不受虐待或忽視

男孩受虐可以包括身體、言語和性方面的虐待，我們在男孩的家庭、學校和社羣中，應當提高警覺，防範勝於治療。加上男孩受虐也未必懂得舉報，我們要當男孩的看守人。

3. 發展靈性

擴闊男孩的人際網絡，讓多些人接納他們。宗教信仰亦可以幫助他們發展靈性，滿足他們的靈性需要。幫助他們發展和建立道德觀，判斷對錯，令他們對將來、對自己都有盼望。一般年輕人多看重物質，認為有錢、能買昂貴東西就能肯定自己，而不是從內在來自我肯定。如判斷事物的價值觀不夠成熟，就很容易為滿足物質追求而落入非法勾當中。

4. 生命師傅（Mentoring）

生命師傅的支持可以補償缺乏家庭關心、被人遺棄的遺憾感。

男孩的師傅（mentor）可以是學校的老師、學兄，也可以是一些社團的長輩，如教會中的導師、牧師等。這些師傅是男孩「道德網絡」中的重要人物，主要是關心、培育男孩的品格和才幹。

5. 幫助男孩提高自我形象

通常這些男孩的智商（intelligence）和自尊心（self-esteem）都會比較低。在智商方面，很難在後天提高，但可以引導他們在面對問題時有多些選擇。可透過提升學習解決問題（problem solving）的能力，來讓他們建立自尊心。

6. 提供正當的社會支援

有暴力傾向的男孩很多時會落入童黨、黑社會等非法羣體手中。如社會多加支援，多給與關懷和支持，將有助把他們引回正路。

7. 對「男性」的定義

一般人的心目中，只有「大隻佬」猛男型（"macho" stereotype）才是真男人。我們應多提供一些「另類」的男性形象，讓男孩知道，好男人有很多類型，不要以為只得一種男性類型可以追求。這一點，在之前介紹的幾本書裏都有提及。

小結

我們明白男孩本身傾向喜歡暴力的遊戲、刺激的玩意，喜歡爭鬥、打架之後，會知道一些男孩的特性乃天性使然。然而，這明瞭其實也會令我們作父母的感到處於兩難之間——既要順性，也要有後天的培育。

一方面，大家明白男孩活動量較大、需要多一點活動空間，而這些又往往會招來父母師長的不諒解甚至責罰。另一方面，現今社會傳媒及文化又似乎在不斷發出負面的影響。曾有一宗美國校園槍擊事件，犯案的學生（槍手）甫進入課室，開槍即百發百中，槍法之準，有説是拜電腦虛擬遊戲的「訓練」所賜。如何順應男孩天性而教，又要抵禦外在文化的洪流，確是今天作父母的挑戰。

本章介紹的這本 *Lost Boys* 多了一重角度，就是注重道德及靈性層面的培育。男孩犯了錯，在施罰之後，不要忘記灌輸正確的價值觀，説出正面的道理（例如跟人和平相處的重要）。傳統上，人們對男孩的期望會較高，這可能也是好的，因為這代表對男孩的要求會比較高，不至於叫他們甘於怠惰。自小培養男孩的道德與心靈，讓他們覺得生命、生活有意義，如此才會有內在動力驅策他們向更高的標準進發。

書中有一句話，我印象特別深刻：「頻受傷害的小男孩，他朝自會長成侵略性的大男孩。」（Hurt little boys become aggressive big boys. p. 63）

根據作者的調查顯示，有嚴重暴力傾向的男孩，大多家庭背景複雜、父母關係不和。夫妻關係是家庭的基礎，要努力維繫；社會上亦要有資源幫助有需要的單親家庭。總之，需要動員社會上下力量，去幫助這些男孩茁壯成長。

平日近距離的接觸

周思藝

小時候父親因工作關係，早出晚歸，每天可以跟他見面的時間不多。記憶中，能與他有較長時間接觸的，一是協助他維修家中的用具，一是與他出海垂釣。無論是哪一種「活動」，他都會一邊做、一邊教我箇中竅門。若我有不明白的地方，或者出錯，他都會指正；若做得好，他更會稱讚我。這些都是我印象中與父親最近距離的接觸。

今天，我已是兩個兒子的父親。因工作的緣故我要早出晚歸，慶幸兒子都有早睡早起的習慣。兩名九歲與七歲的兒子皆是晚上約九時半睡覺，早上六時半起牀。因此，我們每日早晚仍有個多小時的相聚。雖然在這僅餘的時光中，我還要吃晚飯和準備上班的工作，但這是我在平日與孩子最近距離接觸的時間，如何善用，確是一門藝術。

「外判」補習時間

由於我和太太日間都要工作，因此照顧兒子的功課與溫習這項艱巨的重任，就「外判」給補習老師。這並不代表我們可對此事不聞不問，相反，我們更要事前與補習老師約法三章，表達期望和建議補習的方式。

基本上，我們只期望補習老師協助兒子完成學校的要

求，因此謝絕一切「課（額）外補充練習」，並以「先求完成，後求完美」的原則做習作，務求於兩小時內完成所有功課與溫習，以防止延續已經過長的課堂時間，爭取一家人的相聚時光。

另外我們亦強調「常指出成就與進度」及「看重進步多於高分」，因此，我們建議補習老師嘗試多圈出兒子寫得較好的生字，以及多提出他們做得好的地方。我更設立了「五星上將」的獎勵編制，即盡責（肯溫習）、盡力（專心）、進步、合格及優異成績（八十分或以上）。只要做到任何一項就有一星獎勵。記憶中兒子的默書通常都可獲三至四星獎勵（即三至四張貼紙），不時更會連續出現「五星上將」。

最後，我們亦要求補習中每約三十分鐘便有休息或傾談的時間，好讓兒子的專注力能保持良好狀態。而在每次補習完畢，補習老師要簡單記錄當天做過的事，以及兒子的表現。若有什麼稱讚或進步，到了晚上，在我和太太晚飯的時候，我們便會再「補飛」。通常叫兒子重述得獎勵的經過，他們都會非常樂意，而我們亦會再次稱讚和肯定他們，這實在是一個很開心的時間。

在晚飯桌上，所處理的當然不只補習的事情。雖然兒子在我們回家前已吃過晚飯，但他們仍愛在我們吃飯時穿插在飯桌間，除為了可再得到由父母給他們的食物外，他們還會將當日所遇到的事情與我們分享，我們亦樂得聽聽。因此，通常在晚飯時我的耳朵比嘴巴更忙碌！當然我的享受與滿足亦非單是食物所能提供。

「歡樂時光」

兒子的生活除了吃飯、休息和做功課、溫習之外，其餘時間大多是玩。因此每晚我若能較早吃過晚飯，總會抽一些時間與他們一起玩：激鬥戰車、爆旋陀螺、羅素搖搖……除了令我體會潮流玩意總有它們的「週期」，不時會「古老變時興」之外，亦深覺自己童年在這些玩意所花的功力沒有白費。兒子總是帶着欣賞的眼光觀看爸爸的「表演」，繼而問我為何會懂得這些玩意，並要求我教導他們。我亦樂得傳授箇中竅門，說不定這也會成為他們將來教導兒女的「本事」之一！

有時我會在晚上做一些家居維修的工作，每當這種時候，兩個兒子頓時成為「師傅仔」——幫忙傳遞工具、協

助一些簡單的工序等。他們會詢問維修的原理，更會有很多具創意的建議。在他們的世界裏，「膠紙」與「膠水」可謂具有無比威力！而我則會在讚賞他們的意見之餘，解釋為何不能採納他們的建議。

睡前十五分鐘，是媽媽出場的時間——牀邊故事。雖然大多數時候兒子都較喜歡與爸爸一起玩，但牀邊故事卻指定由媽媽包辦。有時我也會客串一下，不過受歡迎程度似乎不及媽媽。這段時間有兩個特色：一是兒子總是一邊聽、一邊急不及待地發問或發表意見；二是每次故事完結時，他們總會要求多講一個，差不多每晚如是。

「早餐例會」

我的兒子每天六時半起牀這種習慣，在香港的孩子來說可算是很例外，而對我來說實在是一種感恩。每天的早餐，是平日一家人惟一能坐在一起吃的一餐。曾拜讀區祥江先生的《健康家庭工程師》，書中提到有一家人在每頓飯前皆圍坐桌邊，手牽手一起講「齊齊吃飯真開心」。我看後亦作仿效，結果一家人都很喜歡這個「儀式」，這亦成為我們每天「早餐例會」的開場白。

在早餐桌上，我和太太通常會再詢問兒子當天要完成的事情，務求他們不會遺忘什麼，這是很「功能性」的。但兒子卻多是問我們會否早些回家吃晚飯、什麼時候回家等等，是「關係性」的。這令我們反省，很多時我們會對

兒子有很多期望、要求，因此在和他們的相處中，特別重視這些期望落實的進展，有時更會因此忽略了他們本身。相反，在他們的眼中，父母才是最重要的，父母能與他們一起，已經足夠。因此我常提醒自己在打電話回家時，不要一開始便問他們做完功課沒有，而是先理解他們當時身心的狀況。因我真正關心的正是他們本身呢！

教養兩個兒子，對我來說是一件非常愉快的事。可能大家都是男孩子，從他們身上我彷彿看到自己的過去，亦更明瞭自己父親的心腸。而兩個兒子亦成為自己對將來的投影。雖然，我知道他們的路總要自己走，但亦期望能與他們分享自己曾走過的路。這些分享，當然不會在什麼「異象分享會」中提出，卻是在平日近距離的接觸中滲透。

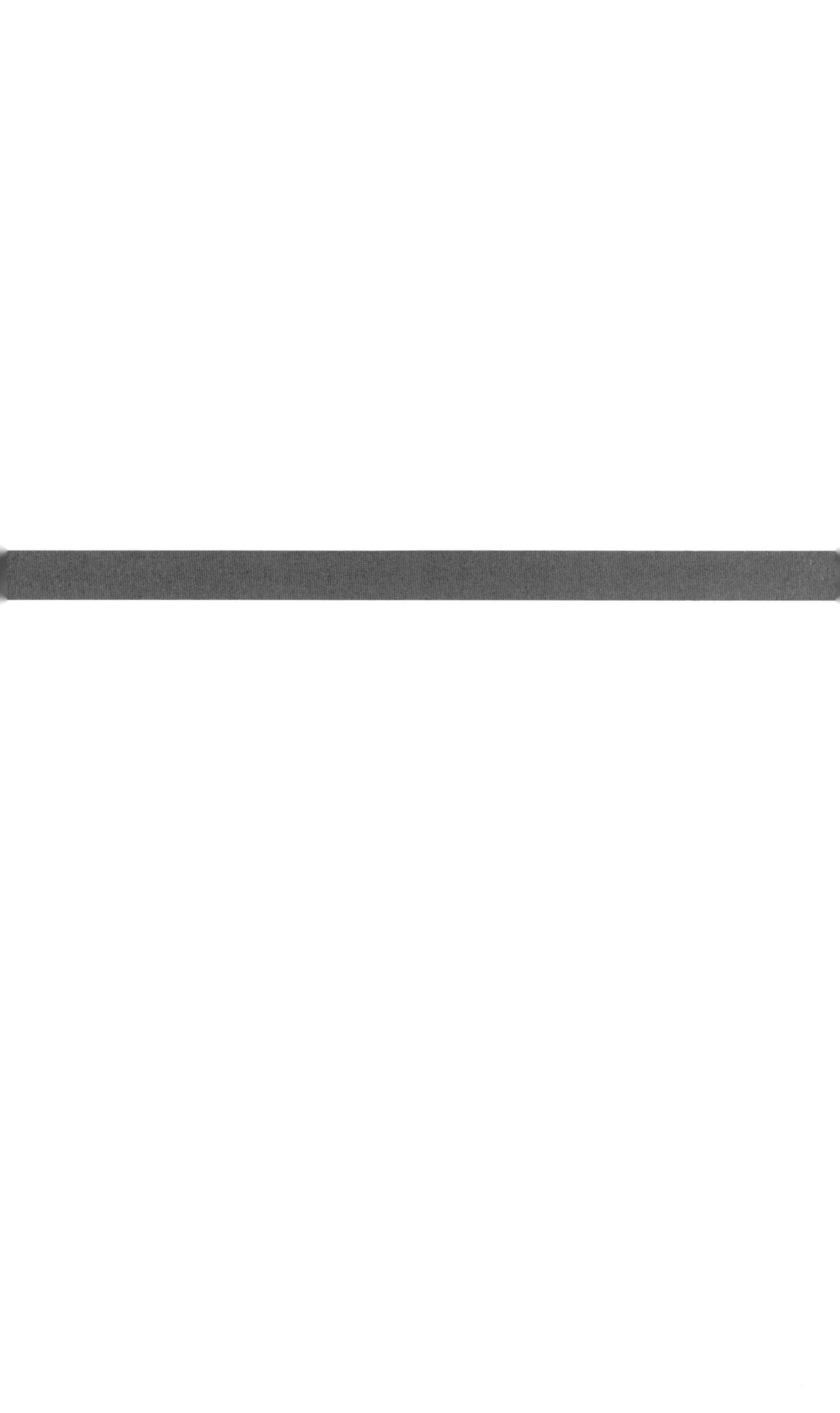

第 5 章

父母如何 管教男孩

父、母角色以及夫婦關係對培育兒子的重要性

父、母與子，是一個牢不可破的對等三角關係。

父親及母親的角色，對男孩的成長起着關鍵作用，兩者同等重要，缺一不可。而夫妻的婚姻關係，對於男孩日後跟異性的相處，也有重要的指導作用。

雖然本書的重點放在父親如何培育兒子這個方向，但男性（丈夫）能否做好父親的角色，實有賴女性（太太）的協助和配合。夫妻之間的相處，正是一齣兩性相處的寫實劇，兒子從生活中觀察、學效父母的行為，從中便學懂與異性相處之道。

母親的角色

母親其實是每個男孩第一個接觸的異性。在男孩成長期間，

母親如能與他多溝通，讓他藉此學習與異性相處和溝通，對男孩日後與人相處將極有幫助。母親在兒子的成長中過早退出，對男孩在溝通及情感表達方面，都會有不良的影響。

可惜，這一點正與中國人認為「男兒當自強」的傳統觀念互相衝突。如果男孩喜歡纏着母親，中國人會以「裙腳仔」這個貶稱來招呼這類人。其實，男孩跟女孩一樣，同樣需要母親的關愛和呵護；特別在幼年的時候，根本無論男、女都離不開母親。男孩需要母愛，母子的聯繫，絕不能斷絕。

父母不應太快要求兒子獨立，要他太早離開父母。男孩與父母建立了穩定的感情基礎，有更強的安全感和自信之後，才會敢於獨立、放心離巢。中國人總喜歡逼令男孩早早就要獨立，此舉無疑過早切斷了兒子與父母的感情連繫。其實，安全感是需要時間慢慢培養和建立的，有了穩固的感情基礎（secure base），男孩才會放心走得更遠。

母親比父親更為優勝之處，是在情緒教育方面能給予兒子更多的指引。不過，礙於性別不同，有時候母親會發覺跟兒子溝通並不容易。若想與男孩溝通得更暢順，就要知法而行。男孩都喜歡透過活動，而非「坐定定」談心事來表達自己。做母親的可嘗試抓緊某些時機（grab the moment），例如在遊戲或活動之後，當兒子心情放鬆、毫無壓力之時，就是傾談的好時機。有一點是母親們該注意的：女孩比較喜歡、也較容易訴説內心感受，但男孩卻未必。男孩需要空間，這點母親亦應尊重。

同性的肯定固然重要，然而異性的肯定也不能缺少。男孩需要父親，同樣也渴望從母親身上得到肯定。做母親的，可能會因為跟兒子的性別差異，形成了解和教育兒子的障礙。其實，母親正可以為兒子解除「男孩守則」的規限，讓男孩自小有更自由的性情發展。母親不妨鼓勵兒子毋須一定要表現得怎樣怎樣，又可以告訴兒子她喜歡什麼類型的男性形象，以及喜歡的原因，以示男性形象也可以多種多樣。

要幫助男孩建立健康正面的男性形象，父母雙方同樣重要。父親、母親與兒子能有同等機會和時間的接觸當然最好；但很多時候，在家庭裏，母親都成了家人之間的「把關人」。其實男孩亦十分需要父親，母親應盡量製造機會讓父親與兒子單獨相處。在教養兒子方面，實在需要父母二人的配合。

父親的角色

父子相處跟母子相處很不同。母親會着重説話、傾談，這可讓兒子學到如何表達。而父親與兒子同屬男性，男性之間的相處着重行動，比較「身體性」（physical），少談內心感受。透過與父親的相處，兒子可以學懂在行為上知分寸，以及如何從非語言的溝通方式觀察人的情緒反應，從而學懂理解及管理情緒。一個很簡單的例子是，父親無論在遊戲或現實生活中，都很少會如母親般呵護兒子。父親不會故意遷就或禮讓，甚至會想兒子嘗嘗失敗、「輸」的滋味，讓他感到沮喪，繼而學會屢敗屢戰、爭勝，培養堅毅不屈的精神。

研究指出，父親若能積極參與兒子的生活，與他多接觸，兒子會更懂得表達情緒，反而不會太受「男孩守則」的規限。父親可以多與兒子一起砌模型、打球，以行動去表達父愛，也藉此回應他的愛，這就是父親愛的方式。

跟兒子相處其實沒有什麼所謂祕訣，但父親應該注意以下幾點：

1. 爸爸要在家

同為男性，兒子自然從父親身上學習到最多。但問題是，今天的普遍情況是「爸爸不在家」（the physical absence of the father），形成很多家庭裏的客廳、飯桌多了一張「空凳」。父親的缺席，等於將可以教育兒子、影響兒子的機會讓給其他人或事，於是家人以外的朋輩（peer）、廣大傳媒（mass media）就乘隙而入，在男孩的成長中產生了莫大影響。

有一個具諷刺意味的笑話：今日的男孩從父親身上能學到的，就是缺席（absence）。

2. 無條件的愛

今天的社會，對一個人的價值判斷往往非常勢利；就算在血緣之親的家庭中，親人之間可能也會以一些外在條件去彼此衡量。作為父母的不妨撫心自問，如果自己的孩子成績不佳，行為頑劣，又或者性格不夠可愛，會不會始終感到有點耿耿於懷？

父親對兒子的愛，該是一種無條件的愛（unconditional love）。在第一章講的「男孩守則」中，其中一點就是男性對成就的追求。是不是兒子乖巧、聰明就疼愛？如果他讀書不濟、沒有突出表現（成就）就不值得愛？今天作父親的，要改變這種「勢利」的觀念。

3. 人在心亦在

男人留在家，人在，心亦要在，不要將管教子女的責任推給太太。建議作父親的在下班後，不妨作一個「儀式」（ritual）——對自己說：一踏進家門，就要「把手上公事包放下，全情與兒子相處」。

4. 跟兒子玩

不要忘記，男孩大多是活躍的，都要發泄精力，喜歡活動、不喜歡「坐定定」。父與子玩的方式可以跟母與子很不同；透過活動、遊戲來與男孩溝通，是最有效的方式。活動過後，同樣可以傾談心事。例如在打完球後，一起休息，一邊喝汽水一邊閒聊，乘機分享兒子的心事。

5. 持守諾言

在美國，曾有一個很重要的基督教運動：「守約者」（Promise

Keeper）。這個運動提倡所有當父親的要謹守承諾，包括對神、對家庭、對兒子三方面所作的承諾。

未知是由於工作忙碌、疲累等原因，抑或根本不當小孩子的約定是怎麼一回事，很多父親常有爽約的習慣，其實是沒有信守對兒子的承諾。這種失信，對兒子的心理影響是無法估計的。

如何做個有誠信的父親？——答應了的，就實踐；辦不到的話，就解釋、道歉。就是如此簡單。可這對於很多父親來說，卻似乎不容易做到。

曾聽過一個真實而哀傷的故事：一位父親與兒子玩了一整天，兒子很開心，但父親卻在日記中寫上這樣一句：「浪費了一天」（a day wasted）。可見男人看重事業，根本沒有意識到與兒子的相處其實很重要。

男人用以衡量自己和他人的標準，從來都是根據所獲得的成就——地位、賺到多少錢、工作成效、居所的大小……男人都是如此被教導、如此成長的。做一個好父親，既沒有薪金、酬謝，也不會有獎勵、晉升，亦即是沒有一切客觀的「成就」。也許，現在是男人覺醒的時候，試想想，能夠看着自己的兒子健康地成長，成為頂天立地的男兒，這，不已是最大的回報嗎？

做好爸爸的提示：

- **多忙也要與兒子多接觸**
- **與太太合作，在管教上要有同一立場、同一陣線**
- **欣賞兒子的性格、特性（being），而非因他的行為或做了什麼（doing）**
- **培養自己作父親的風格和方式**
- **不要當家中的「警察」：多數父親都會成為家中的「警察」，母親也會不自覺助長了父親這種角色。例如，每當兒子頑皮，母親就會對他說：「你不聽話，爸爸下班回來教訓你！」這類説話，無形中**

令兒子也會覺得父親的角色的確如此。

- 樹立榜樣（身教），勝於口裏教導（言教）
- 真男人不怕流露感情
- 不要重複上一代不正確的管教方式

夫妻的婚姻關係

其實，夫妻的相處，彼此如何表達愛、親密、委身，這些兒子都會從旁觀察，從中學效。男女間的性別差距（gender difference），在夫妻關係中可得見；父親在家中的表現，與太太發生衝突時如何處理和解決，這些都是上佳的身教。簡單來說，男孩就是透過觀察父母的相處，從中學習與異性的相處。

作為父親的，可能也會有自己一方面的限制，例如同樣要學習處理自己的憤怒情緒，以及改變視成就為終身目標的準則等等。無論如何，要記住，兒子的教養，不能少了父或母任何一方。因此管教的責任不能推給太太，反要盡量和太太配合。

不少父親常將管教的責任交給太太，家人中遇到什麼事要處理，基於難以啟齒的理由，又推給太太。例如，一提到要跟兒子談什麼重要事，很多父親就會自動棄權，口裏說做母親的開口較容易，實在是逃避與兒子當面傾談的尷尬。在溝通上太側重父或母其中一方（性別），兒子就等於失去了從另一方（另一性別）身上學習的機會。就如上述這種情況，父親從不好好跟兒子相處，長期由母親一方「負責」與兒子溝通，也許會令兒子變得只擅長跟異性（母親）傾談。如果加上夫妻關係不好，可能還會出現更嚴重、更極端的情況——妻子如對丈夫失望，便會將感情寄托於兒子身上；兒子因此加重了感情上的負擔（emotional burden），有時更可能成為父母之間的磨心。假如兒子用了母親的角度看父親，便很容易對父親形成偏見，看法一面倒，偏幫母親。不少家庭慘劇，起因就是由於兒子為幫母親出頭，跟父親吵架甚至打架，以至一發不可收拾。

作父親的要主動參與管教兒子的事務，但也不要否定太太的

教子方法。有些父親會對太太的母子相處方式有「男性的」質疑，最常見是指責太太對兒子「太遷就」、「縱容」，「慈母多敗兒」等等。其實，夫妻在管教方面如能互相尊重、彼此配合，才能發揮最大、最佳的作用。

有一點要提醒所有夫婦：通常有了孩子的夫婦，很容易因為諸般柴米油鹽的家務事情，忽略了繼續培養夫妻關係。雖説養育兒子成人是二人的共同目標，但配偶仍然應該是彼此生命中最重要的人。良好的婚姻關係，是夫婦教育下一代最重要又最有效的基礎。

如果丈夫只得有限的時間，便應先給太太。婚姻關係的培養，夫妻相處的終身學習，是兒子學習和借鏡之道。近年流行的「夫妻營」，不失是培養夫婦感情、保持愛情「新鮮」的好方法。

上一代的父母生於亂世，終日為生計奔波，沒有多少心思時間放在培育子女上。這一代為人父母的，其實也沒有多少正面、良好的父母婚姻關係或家庭教育可供借鏡。就説我自己，亦從未見過父母和洽相處。記憶中我的父母關係疏淡，彼此之間平淡如水，沒有什麼表達愛意與關懷的榜樣，更遑論如何處理衝突。新時代有新時代的需要，盼望今天作父親的，不會重蹈覆轍，設法改變局面，享受與兒子相處之樂。

教養男孩的兩個方法

教養男孩有兩個重要的參考。

首先——亦是本書的核心信息——我們相信基於孩子不同的性別、不同的特徵，在培育方面應有不同的方式和重點。男孩有他獨特的氣質和成長背景，例如因「男孩守則」規限所引致的問題，因此，父母應以一種性別敏鋭（gender-sensitivity）的方式來培育男孩。

其次，是紀律的問題。男孩比較容易違規，傾向挑戰父母的權威，一套有效的紀律管理方法，能幫助男孩養成自律和尊重權威的良好習性。

先說性別敏銳的管教方式。

Michael Gurian 在 *The Wonder of Boys* 一書中，為我們總結了一些以男孩特性為出發點的培育方向。他強調，父母不要認為只須學習一些管教技巧就足夠，更重要是提供適合男孩成長的環境。

男孩需要什麼？

Michael Gurian 認為，父母應以順性的方式去養育男孩。所謂順性的方式，就是認識、注意荷爾蒙對男性的導引和影響，並順應男性的先天特性，塑造一個文化及環境讓他成長。他提出七個可行的方法：

1. 喜爭競、愛表現

男性喜爭競、愛表現，所以喜歡要求技巧的活動。對應這個特性，提供適當的運動（sports），例如球類運動、功夫武術等，應可滿足他們。

在男孩子的羣體中，有階級高低之分；要從「下」往「上」爬，就會出現爭競。這種競爭，如能容讓男孩將壓制的情緒發泄出來，也未嘗不能成為合適的「盛載器」（container）；反而壓制他，則可能會弄巧反拙。如能學到如何良性、合法地競爭，其實也不失是一個學習良機。

2.由任務衍生出來的同理心

先舉一個例子：如有女孩跌倒受傷，大家會圍聚上前、噓寒問暖；但如果跌倒受傷的是男孩，眾人則只會叫他「站起來」，繼續做要做的事。書中引述，男孩對同性和異性顯示出來的同情心，大有不同：

對男的會說：「起來，沒事的。」（"Get up man, you're not hurt."）對女的會說：「沒事吧？來，讓我幫你。」（"Are you okay? Here, let me help you."）

男性看重任務（task），而非同情（empathy）。不妨用這樣一個辦法培養男孩的同情心——將「關心人」當成一個任務委派給男孩，這樣的話，他該會「幹」得很好。

3.喜歡羣體活動

男孩比較習慣羣體生活，在一大羣人中間，他會較易找到自己的角色。這種羣體性或可溯源至美國人的打獵活動（同是一大羣人參與，是一種任務，又是體育活動）。

4. 渴望獨立

男孩傾向較早想獨立。可能源於工業時代「男主外、女主內」的傳統，迫使男性很早就要獨立、擔負責任。

5.在羣體中樂意有「個人犧牲」

在羣體當中，人會較易甘願犧牲自己——所謂「犧牲小我完成大我」。例如在歷奇活動中（讓人踏着自己肩膊）、戰爭中（掩護戰友）、球賽中……男性都樂意為任務而作出小小「犧牲」。

6. 男性模範

男孩需要男性模範（male-role model），這一點，在現今充滿「缺席的父親」的社會（fatherless generation）的確不易求。如果在男孩的生命中有好的男性模範，也是一個有效解決童黨問題、黑社會問題的因素（別忘記在「黑社會」中，也具備了個人犧牲、羣體、男性模範等等各樣「有助」男孩成長的元素）。

7.體育運動

運動在男性生命中佔有很重要的位置，例如在美國，NBA（美國職業籃球聯盟）籃球賽是全國性的，美國人（甚至全世界）對它如痴如狂。前文提到的 Promise Keeper 運動，創立人就是一個足球教練。

如有正常的男性模範，加上健康正當的運動，青少年也就不會那麼容易傾向負面（黑社會、童黨）的一邊。現在基督教界也舉辦一些諸如「基督少年軍」、「福音籃球」等團隊活動，其實用意也是如此。

培養良好紀律

紀律的培養對男孩的成長與栽培相當重要，沒有紀律、沒有約束，對於天性外向、好動、好刺激的男孩來說，很容易會導致行為的失控。在亞洲國家中，台灣和新加坡規定男子必須接受軍訓。在香港，也有專為培訓青少年紀律的軍訓營。Michael Gurian列出十二項有效執行紀律的方法，對前少年期（prepubescent）男孩尤其適用。

1. 坦白告訴男孩他的不當行為會導致什麼後果。不只對他講述後果，還要帶他親自去看（show and tell）。例如，要他看看妹妹被自己打得如何瘀傷，或是玻璃窗如何被自己擲的球擊得碎裂。

2. 轉移侵略的對象。如將男孩對動物的攻擊，轉移往死物（例如打沙包）。

3. 嚴厲地制止不適當的行為。記住，「厲聲」警告已足夠，無須「打」。

4. 暫時隔離（time-out）——有時候，即時處理可能會引來反抗，給男孩一段冷靜的時間，讓他平復情緒，並反省自己的行為，是暫時隔離的最大作用。不過，純粹懲罰性、沒有點明用意的隔離，可能會引來更大的反感。

5. 轉移注意力（distraction）——找另外一些事情給他做，代替你不想他做的事。例如，兒子愛上網，就找另一些活動給他，讓他沒有時間上網。

6. 要他完成一些任務，並且不要讓他輕易放棄。給他指令，叫他完成——這也是一種紀律的訓練。曾見過一些父母想鍛煉自己的孩子，但要孩子摺疊自己的衣服他也大喊「辛苦」，真正名副其實的「少爺仔」。可以從簡單的任務開始，例如要孩子執拾玩具、整理書桌，逐步建立貫徹始終的做事態度。這樣，其實也是鼓勵男孩子獨立、不倚賴。

7. 跟他協商（negotiate）及提供選擇（option）。例如，要他做完功課才可看電視（協商），又或者叫爸爸幫他一齊做功課（提供選擇）。

8. 如他堅持、不聽話，就要決絕地執行懲罰。家中也應訂立明確規矩，例如幾點上牀、幾點起牀、不可以通宵打機等等。規矩愈早訂立愈好，讓孩子自小遵從。訂立規矩、執行懲罰其實牽涉到做父母的權威。父母施行懲罰時要注意一點，懲罰孩子因不守規矩而要失去的東西，必須是他心愛的事物，例如不准玩 PS2，這樣才有效。

9. 以正面的方式鼓勵兒子遵守規矩：「你可以做到的。」("You can do it.")

10. 適當地將沉悶的規矩賦予趣味性，令兒子覺得像玩遊戲般，也是有效的方法。例如開桌吃飯，看看他可否於一分鐘之內張羅好碗筷？將任務變成一種挑戰、一種遊戲的方式。

11. 可加入挑戰性。男孩喜歡挑戰性，例如，可將規矩化為任務要他完成。

12. 教他從錯誤中學習。

父子面對面

我父我子

梁永泰

父親與我

我的父親十七歲由廣州來到香港，學識不多，在中環銷售布匹。我學了他的勤懇，喜歡長時間工作，以及有着一腔推銷別人好東西的熱誠。父親的口才不錯，對不同的人懂得有不同的應對。同樣，我也期望自己的孩子勤力讀書，不怕艱苦。有不同意見的話，我希望他們會用言語坦誠表達。其實，並不是每個人都是能言善辯的，像我的三子思鳴，就不算多言。因此，我經常警惕自己要多注意非語言的表達。

父親雖然很忙，但年幼時總愛參加我們小學的開放日，看見我們的作品有機會展出，他總是很雀躍。我加入突破機構工作之後，有一次適逢廣播節目「突破時刻」五週年紀念聚會，父親親來參加，坐在後排的位置。他雖然不懂得我們所唱的詩歌，但看見他兒子我在台前幕後幫忙，他臉上總掛着淺笑，眼睛閃亮。這種肯定和欣賞，令我的自信心增添不少。後來，到自己當了父親，我一定會參觀孩子學校的開放日、觀看他們的籃球和足球比賽、參加畢業禮等，總之，對孩子的活動盡量參與，盡力支持。碰上世界杯足球賽期間，孩子的同學們成羣來我們家一起看電視直至深夜，我和太太還會預備雪糕和薄餅，款待他們。懂

得如何在背後支持，也是一種學習。

我在屋邨長大，家居環境狹窄，家境又不算富裕，因而家父和家母很少邀請親戚或朋友來家中吃飯。過年過節，親戚也只是循例造訪，談話內容相當客氣，一般是環繞孩子們的健康與學業。因此，到我長大後，也不太懂得邀請朋友閒時來家中吃頓便飯，總覺得請朋友到家中吃飯似是一件天大事，須應付得相當吃力。倒是我的三個兒子好客，我們也因此開放了我們的家。兒子的同學們都來吃飯、玩耍、打球等，我們反而從他們身上，學習到招待朋友的藝術，也一起學習，與別人相交的方法。

父親因為售賣布匹與絲綢，對中國畫略有認識。他更曾在我面前「即席揮毫」畫人像，一度啟發了我對繪畫的

興趣。中、小學期間，我已很喜歡繪畫。大學時雖是念理科，後來讀第二個學位卻是修讀電影及藝術。這種對藝術的喜好，果然也傳給了下一代——我的三子思鳴在大學念美術，主修攝影；次子思樺則副修音樂。這些多少與自己對美術和音樂的興趣有關吧！

我與孩子

與孩子的相處，可說充滿了驚奇和挑戰。就像昨天，長子思睿來電，告訴我他的左手尾指骨折，是打籃球時弄傷的。作為父親的我真有點擔心，連連囑咐他明天一早要往大學診所看醫生，或者及早看骨科。

思睿因為幼年、小學和中學，都曾轉過多間學校，因

為環境轉變比較頻繁，很多時與同學們剛開始的友誼都沒有機會繼續發展，就又要轉校了。因此，他在高中及大學期間，很珍惜可以與人交往的機會，特別喜歡大夥兒的活動，也活躍於學生會。作為父親，一方面肯定這些活動的重要，但也擔心他不夠時間應付功課，影響了學業。思睿的回應是：爸爸在大學時也是學生會的活躍分子，雖然有一段時間學業的確受到影響，但最終成績也滿不錯。他認為大學生活不單只是追求知識，也應是全人的發展。我雖然同意他的看法，但也希望他能有平衡發展，不要顧此失彼，特別學業更是忽視不得。

去年思樺放暑假，從美國回家。他已經是大學高年級學生，但一見到我從台灣買回來的一套《男兒當入樽》漫畫，依然愛不釋手。我也提起興致，花了一個星期的晚上，

仔細看完總共三十一冊的漫畫。書中有笑也有淚。當思樺見我願意和他一起看漫畫，已然十分開心；看見我間中因為內容而引發的狂笑，就更感投入。其實，當孩子看見父母跟他們一起玩，就算只是從旁觀看，已經會很開心，至少感受得到父母對他們的認同。有了這一種關係，當我們再提醒他們要看書、要靈修，鼓勵他們做暑期工增進生活體驗，他們都會聽從。因為他們知道父母會欣賞他們多方面的發展。

去年夏天，思鳴在意大利羅馬修讀了一個學期的課程，在放假期間，想跟同學到希臘遊玩，我卻反對。我反對的理由是，在意大利本土已有豐富的藝術、文化、名勝古蹟，他們還未看過，何必另花錢乘飛機往希臘遊歷？聽後，思鳴本來有點失望，但後來他和另一班同學一起乘車作意大

利南北遊，獲益良多，一班年輕人都一致認為，這趟旅程比往希臘有更大的收穫。另有一次，思鳴在羅馬讀完了一個學期，本來想到法國巴黎一遊；我卻提出往巴黎、倫敦及西班牙等地的機票，加上食、宿，會相當昂貴。我建議他只遊巴黎和倫敦兩地。他聽後又有點失望。後來，他提出由倫敦回來後，想再在羅馬逗留兩星期，我卻說留十天就足夠。這樣「討價還價」一番，最終達成大家都接受的方案，他覺得開心，我也覺得合理。我們都是在有限的資源下，讓孩子有最大的學習。大家將心願相告，一起想辦法；太昂貴的、不划算的計劃，就要修改。

男孩跟女孩不一樣。男孩好動，一離開家門，就如一支箭般往外跑。三個兒子都喜歡比拚，常弄到滿頭大汗。所以，我一有機會，就會帶他們到郊外遊玩：去大埔捉沙

蟹、去大澳門放風箏、去馬鞍山遠足、去粉嶺捉蝦等，他們對於野外活動都樂此不疲。孩子也愛野地露營。我家有數個露營帳幕，是每年秋冬季往大嶼山、貝澳露營用的必備用品。

男孩子也不一定只愛動。我的兒子們也喜歡音樂，對於鼓聲、節奏，與大夥兒一起舉行音樂派對等事，都十分投入。我特別為孩子們買了一套鼓，共有七鼓三敲擊盤，讓他們玩個夠。我又支持他們跟本地的外籍黑人鼓手學習打鼓。又因着他們的興趣，買了電結他、低音結他讓他們學習，又資助他們買優質的結他擴音器。他們跟朋友自組樂隊，自行作曲填詞，組成了一隊同學 band，還有一隊教會 band，玩得十分投入。家中有孩子玩音樂，不時會造成

很大聲浪，我家就常備耳塞。幸而是住村屋，鄰居們也體諒，所以他們可以盡情玩「樂」。

為人父者，也有不少煩惱。例如，不要以為男孩不喜歡打扮，我的三個兒子，每逢出外，「化妝」時間例必是一個小時。我和太太都是可於五至十分鐘內整裝起行的人，這個「美德」，看來沒有遺傳給兒子們。還有，我也會擔心孩子的青春和衝動。如果孩子約女同學來家中補習、學琴、學打鼓等，我通常不許他們單獨相處，以免受「試探」。當孩子遇上悲傷的時刻，例如考試失敗、被老師誤會、失去想要的東西、受到欺侮等等，作為父親，我只能在旁聆聽，接納他們的感受；可以的話，提供另一些看事物的角度，希望他們可以自己跨越這些波折與障礙。

有時候，對待孩子要嚴厲、嚴格，但得先建立一個互愛、欣賞和信任的關係基礎，這才有效。與孩子一起遊玩就是建立關係的最佳方法。另一方面，也要寬待孩子，尤其是他們日漸長大，便要給予更大的空間。這個階段，父母要在背後支援，管制不能太多，但也不能讓他們「自生自滅」。

也許，教導及管教孩子是一項終身學習的事業，永遠學不完。希望透過這篇分享，與一眾為人父者互勉，一同努力。

(作者註：希望我的孩子在看到這篇分享時，不會生我的氣，因為他們曾表示不喜歡我在演講中經常以他們為例子。這篇分享，其實想表達的是為父之道、為父之情，但又不能不提及兒子。希望他們可以諒解和接受。)

第 6 章

結語：要保護
男孩的情感世界

在前面幾章，跟大家選讀了幾本有關男孩成長與管教的書。若你有機會翻閱這幾本著作，你會發現，雖然每位作者採取的角度不同，但其中不少重點，在這幾本書中都同樣被強調，看起來彷似不斷重覆。我認為，這些重覆正反映了這幾位作者都觀察到類似的問題，而這些問題其實值得我們特別關注。

在這最後一章裏，我想以 Dan Kindlon 和 Michael Thompson 合著的 *Raising Cain - Protecting the emotional life of boys* 作為全書的總結。從這本書可以總結出七個重點，這些觀點其實在前面各章介紹的書中都曾提及。這一章，就讓我們溫故知新，希望父母能從中掌握一些培育男孩的祕訣，在教養兒子方面可以更易入手。

該隱和亞伯帶來的啟示

本書以《聖經》中該隱（Cain）及亞伯兩兄弟的故事為本，

論男人的情緒問題以及處理方法。

在《聖經》〈舊約．創世記〉中記述，人類始祖亞當有兩個兒子，大兒子名叫該隱，以種植為生，小兒子亞伯，以畜牧為業。《聖經》中敘述，二人都向上帝獻祭，但上帝只悅納亞伯的祭物。該隱為此惱怒不已，殺了兄弟亞伯。這情景就像：上帝是父親，該隱就像得不到父親寵愛的孩子。

《聖經》中這樣記述該隱的情緒：「該隱就大大地發怒，變了臉色。」耶和華上帝也注意到該隱的情緒，問他：「你為什麼發怒呢？為什麼變了臉色呢？」（〈創世記〉四章5至6節）

很多男孩像該隱一樣，不懂得處理自己的情緒，否則也不會發展到如此「決絕」的境況──由憤怒而傷害他人。這本書的副題是 "Protecting the Emotional Life of Boys"，男孩的情緒確實需要保護。男孩的情感世界，的確要花點功夫去認識、了解，才能有效處理情緒的問題。

這本書一開始就提到情緒素養（emotional literacy），即以言語來表達情緒、感受，這個過程循序是：

1. 能夠說出是哪一種情緒
2. 透過非語言的方式，例如聲音、表情和動作，來分辨情緒
3. 從當時的處境和反應，明白引發該種情緒的背後因素

男孩對情緒的認識愈多，對其發展情感世界愈有幫助。

七個重點

Dan Kindlon 和 Michael Thompson 在書中第 12 章〈男孩的需要〉（What boys need）中，將全書內容總結為七個重點，現簡潔演繹如下：

1. 引導男孩體認各種不同的情緒

容讓男孩有內心世界（internal life），引導他體認各種不同的情緒（full range of human emotions），而不局限於「憤怒」一種。幫他們發展表達情感的語言，使他們更了解自己，也更有效與人溝通。

其實大多數男孩的內心世界都被忽略，甚至男孩自己也並不在意。這種情況由母親對兒子和女兒的不同教養態度可以得見。母親對男孩、女孩的情緒處理方式很不同。先說一個小事例：一位母親在乘車時，對她的四歲兒子解釋很多坐車的規矩，要他遵守。同日，在公園裏，兩母子見到一個陌生的小男孩在哭，兒子問起，母親的回應卻很簡短。這顯示了母親對男孩在情緒上的觀察和回應，似乎很輕忽，也並未能把握機會藉這件引起兒子注意的「小事」，引導他認識情緒。

如果換了是由女兒去問母親這個問題（例如，那小男孩為何哭泣？為何哀傷？……），母親定會慢慢地、細心地跟她討論、傾談。

從這則例子可見，就算作為母親，也並未意識到男孩的內心世界也是需要探索和着力培育的。

2. 引導男孩適當發展活動量

男孩的活動程度（activity level）高，身體動作比較多。父母要接受這一點，並且幫助、引導他們適當發展，而非禁止。

男孩的活動量大，需要空間盡情地跑跳。曾經在一些營會中領活動，參與者如果男多於女的話，活動設計就要考慮到男的「特質」。另一個「有趣」的情況是，明明已制定準則，應如何做、何時做等等，但男孩們依然不遵從規則，令秩序很難控制。

男孩要展現無窮精力，其實可以作相應的安排來相就。問題

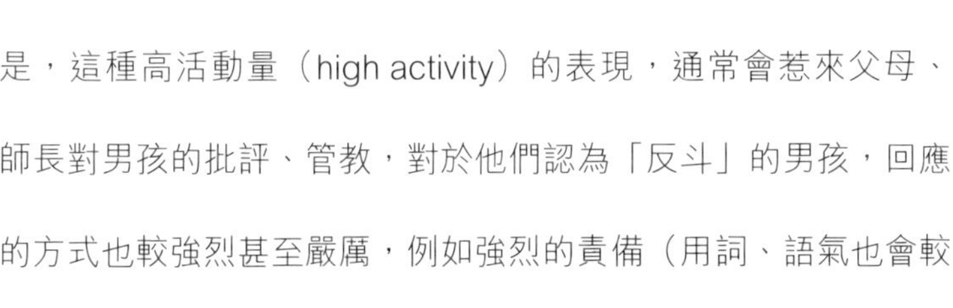

是，這種高活動量（high activity）的表現，通常會惹來父母、師長對男孩的批評、管教，對於他們認為「反斗」的男孩，回應的方式也較強烈甚至嚴厲，例如強烈的責備（用詞、語氣也會較強硬）、施以體罰等等。

在這裏要提醒父母，嚴厲的管教會引致相當的後果（high cost of high discipline），不能隨意施行。不適當的、過分的嚴厲手法，會令男孩產生羞恥感（尤其在公眾場合下受責罰），惹來反感和反抗。如果運用的次數太多，會令男孩傾向約制自己的情緒，更加不輕易流露感情。男孩會變得麻木，對人對事缺乏情感反應。由男孩引發的暴力事件，多源於這種感情的麻木。

簡單地說，高活動量這種特性令男孩比較容易受到嚴厲責罰，因而引發負面的情緒。如果將這些負面感受隱藏、壓抑，就很容易產生更嚴重的情緒問題。

想管教得宜又有效，為人父母者不妨參考以下幾點：

- **針對行為而非人身攻擊**
- **對他的期望要清晰**
- **解釋清楚**
- **與他溝通、協商**
- **尊重他**
- **自然及邏輯性後果（Natural and Logical Consequence）：訂立規則，一定要遵守。犯了規的話毋須由人執行懲罰，會「自動受罰」。例如，欺侮其他小朋友的話就會被趕離場，不能再跟大夥兒一齊玩；玩火的代價可能是燒傷自己。**

3. 用男孩的語言來與他溝通

不少人覺得跟男孩溝通比較困難，很多時候不知道説什麼話題，又不知道該如何説。

其實，只要明白男孩的特性，在溝通時不引起他過激的反應，

已算是成功的開始。例如，見到男孩顯露驚恐的情緒，你卻反問他：「怕？有什麼好怕？」這樣説就像嘲笑他膽小，他又怎會願意向你傾訴呢？應先接納男孩也會有這種情緒和反應，並引導他去想想為何會驚恐，這樣才能順暢溝通。

父母、師長若能樂於分享自己的類似經歷和感受，男孩通常都樂意聆聽，也會喜歡長輩這樣相待。男孩的回答通常很簡潔，這卻不代表他對談話沒有興趣，這點長輩毋須介意。

4. 培養男孩「情感的勇氣」

男孩追求勇敢，但通常男性對「勇敢」的定義是敢於挑戰危險和高難度、敢死。在 *Raising Cain* 一書中提到，除了一般人所説的勇氣（physical courage），還有「情感的勇氣」（emotional courage），而這種勇氣可能比前者更重要。常言道，怎樣才算「真男人」（what is a man）？有勇氣承認錯誤、道歉，就是勇者的表現，可見情感和道德勇氣更不容易。

男孩通常缺少情感的勇氣，從他們與女性的交往中更易察覺這個問題。書中第 10 章〈與女孩子們：從真心到無情〉（Romancing the Stone: from heartfelt to heartless relations with girls）就提到男孩處於青少年期的感情問題。

男孩在與女性接觸的過程中，比較容易傾向想在性方面征服女性，而較少會想發展關係。正因為建立關係需要「情感的勇氣」，而這方面卻非男性所長。若要維持關係，所要求的溝通技巧會更多，難度也更高；相對來說，肉體上的征服對於男孩就比較容易。這個障礙，可能正是不少男孩因此而情願濫交，或者專注於性，而不願付出時間與心力去跟女性建立關係？

其實，男孩服食藥物的現象較女性為多，很多時候，男性處理不來自己的情緒，就會以藥物控制，或者飲啤酒甚至酗酒（drugs or drinking）。「酒後吐真言」——以酒來打破情緒框框，跨越情緒障礙，自古已然。有時男人沒有勇氣面對自己的情緒，也會借酒「發瘋」，以醉酒來掩飾一切，甚至在酒醒後來個不認帳。其實這些行為都與情緒問題有關。藥物與酒，兩者確可用來減壓（當然亦不過是暫時性的），而飲酒又被視為「成年祭」，更為男性所認同。然而，若男孩只懂用這兩種方式來發泄情緒，他的情感表達能力便會愈益狹窄，而且其實亦未有真正面對自己的情緒。再者，人在酒後意志薄弱，更容易犯錯，如果做出危險、冒險或暴力的行為，又會引發另一些問題。

5. 藉管教建立男孩的性格、良知

管教可分兩方面。除了外在的「施壓」——訂立規矩，施行懲罰；還有由內在發出（from within），即培養自主能力（self-discipline）。後者其實是更好的方法，始終男孩如有自律、自主的能力，比跟從外在教條式的框框更好。

此外，亦不應以嚴厲的方式去管教。好勝、愛面子的男孩，十分需要尊重。

6. 男性之間也可以有情感維繫

男性之間通常少見有女性之間那種親密的「手帕交」，皆因男性怕與同性有不必要的身體接觸，也極力避免在同性面前揭露自己的內心世界。男性之間，總有着冷漠的距離，充滿防衛與戒心。

Raising Cain 一書第 4 章〈殘酷文化〉（The Culture of Cruelty）中，提到男性之間相處的文化。在男孩之間（尤見於男校），普遍有「認大」(domination)、羞辱弱小的情況，有時會很殘忍。男性間結黨、「跟大佬」的現象，其實亦即是以強凌弱、以大壓小的文化。

書中引述一位女士的説話。她説與一位男子在單獨傾談時，該男子表現得很友好、很關切。但當一班男子中途加入之後，原本那名男子的態度突然轉變，變得跟那班男性朋友一樣粗野狂放，並且加入他們的「陣營」一起取笑她。而最令她感到愕然和無所

適從的，是男子的這個轉變只是一瞬間。

在我的輔導經驗中，曾接觸過一些不願甚至懼怕上學的男孩，我發現原因大多是因為害怕回到學校會遭同學欺負、毆打。不少人傾向同情男性，因為男性視世界為一個具侵略性（aggressive）的地方，他的回應必然是防衛（defense），就如打防衛戰般。其實，這種文化同時又更促使男孩將自己的情感收藏。究竟可否打破這種所謂「殘忍文化」？男性之間，是否可以平等互待，建立友誼，而非只分高低大小？

我十分鼓勵「男人的友誼」。男性之間要建立並維持友誼，形式上可能跟女性之間的不同；最重要是，男孩在與同性間能夠建立親密關係的話，他們就能從中學懂男性的情感表達。無論是父子之間、同學朋友之間，都可以嘗試男性的友誼，就是簡單到組織一隊球隊，也可以從中建立彼此間的關係。

7. 讓男孩知道做男人有很多種模式

一方面，一般人視為當然的男性特質，就如敢於冒險、勇敢等，要予以肯定；另一方面，其他的特質——例如比較藝術的、富人情味的、溫柔的——也要肯定。我們的社會可以有當消防員的男人，也可以有教幼兒園的男人。總之，盡量讓男孩見識不同的男性形像，讓他們知道，不一定要按某種社會規範才能作個好男人。

總結以上七個重點，我們看到男孩有他獨特的成長需要——無論在身體活動或心理情感方面，都需要更大的空間，也更需要父母耐心的聆聽。此外，情感的勇氣和發自內心的自律和自主能力，是男孩在成長過程中極需學習的功課。

我希望，男孩的身邊不單有愛他們的父親，也有引領他們成長的導師，以及可以情感交流的朋友。這樣，他們就能從不同的男性身上，學懂如何做一個頂天立地、情理兼備的男人。

當男孩可以健康快樂地成長，我們的社會就有新的希望。

參考書目

引言

Balswick, Jack(1992). *Men at the Crossroads: Beyond traditional roles and modern options.* Downer's Grove, IL: InterVarsity Press.

第1章　男孩的危機源於「男孩守則」

Pollack, William (1998). *Real Boys - Rescuing our sons from the myths of boyhood.* New York: Random House.

Oliver, Gary & Oliver, Carrie(2000). *Raising Sons and Loving It - Helping your boys become godly men.* Grand Rapids: Zondervan Publishing House.

第2章　男女有別——男孩獨特的生理結構

Gurian, Michael (1996). *The Wonder of Boys: What parents, mentors and educators can do to shape boys into exceptional men.* New York: G.P. Putnam.

Oliver, Gary & Oliver, Carrie(2000). *Raising Sons and Loving It - Helping your boys become godly men.* Grand Rapids: Zondervan Publishing House.

第 3 章　男孩的情緒世界

Gurian, Michael（1996）. *The Wonder of Boys: What parents, mentors and educators can do to shape boys into exceptional men.* New York: G.P. Putnam.

Oliver, Gary & Oliver, Carrie（2000）. *Raising Sons and Loving It - Helping your boys become godly men.* Grand Rapids: Zondervan Publishing House.

第 4 章　如何避免男孩落入暴力傾向

Garbarino, James（1999）. *Lost Boys: Why our sons turn violent and how we can save them.* New York: The Free Press.

第 5 章　父母如何管教男孩

Gurian, Michael（1996）. *The Wonder of Boys: What parents, mentors and educators can do to shape boys into exceptional men.* New York: G.P. Putnam.

第 6 章　結語：要保護男孩的情感世界

Kindlon, Dan & Thompson, Michael（2000）. *Raising Cain : Protecting the emotional life of boys.* New York: Ballantine books.

丹・金德倫、麥可・湯普森著，吳書榆譯（2000）：《該隱的封印：揭開男孩世界的殘忍文化》。台灣：商周出版。

感謝您選了這本書，閱讀以後，
您有沒有一些啟發，一些感想？我們期望你的聲音。
請登上 **www.btproduct.com/book**，
在「讀者回應卡」頁面內填寫。謝謝。

心靈關顧系列新書介紹

生活與輔導

書名	版次	作者
社交不恐懼	初版 1 刷	關秀娟
敍事從家庭開始——敍事治療的尋索歷程	初版 1 刷	列小慧
婚姻輔導解構	初版 1 刷	黃麗彰
婚姻與家庭治療——理論與實務藍圖	2 版 1 刷	霍玉蓮
健康習作——身心和諧的生活時尚	初版 1 刷	鄧焯榮
回到開心時——情緒管理 DIY	初版 3 刷	湯國鈞
敢夢、想飛——你也可以計劃人生	初版 1 刷	蔡元雲
因子之名——父親培育男孩的挑戰	初版 2 刷	區祥江
從未遇上的父親	新修訂初版2刷	蔡元雲
溝通不是萬靈丹	初版3刷	黃麗彰
逆境不放棄	修訂再版	穆丹
婚姻左右左	2版3刷	區祥江
男人的哀傷	初版2刷	區祥江、曾立煌
跨越兩性世界的橋樑	初版1刷	吳國宏、錢文（譯者）
解讀移民心	初版1刷	溫淑芳
戀愛多面體	初版3刷	溫淑芳
從未遇上的女性	初版2刷	溫淑芳
愛在1句話	初版3刷	安·嘉莉絲（原著）
情難捨——從相依之道到相分之痛	初版5刷	霍玉蓮
怎可以一生一世	初版8刷	霍玉蓮
我該對孩子說甚麼	初版4刷	蔡元雲、區祥江
男人的面具	2版2刷	蔡元雲、區祥江
走自己的路——男性成長之旅	初版2刷	區祥江